A SABEDORIA DOS
SALMOS

Universo dos Livros Editora Ltda.
Avenida Ordem e Progresso, 157 – 8º andar – Conj. 803
CEP 01141-030 – Barra Funda – São Paulo/SP
Telefone/Fax: (11) 3392-3336
www.universodoslivros.com.br
e-mail: editor@universodoslivros.com.br
Siga-nos no Twitter: @univdoslivros

LOURIVALDO PEREZ BAÇAN

A SABEDORIA DOS SALMOS

São Paulo
2020

Grupo Editorial
UNIVERSO DOS LIVROS

© 2020 by Universo dos Livros

Todos os direitos reservados e protegidos pela Lei 9.610 de 19/02/1998. Nenhuma parte deste livro, sem autorização prévia por escrito da editora, poderá ser reproduzida ou transmitida sejam quais forem os meios empregados: eletrônicos, mecânicos, fotográficos, gravação ou quaisquer outros.

Diretor editorial: **Luis Matos**
Gerente editorial: **Marcia Batista**
Assistentes editoriais: **Letícia Nakamura e Raquel F. Abranches**
Revisão: **Juliana Gregolin**
Arte: **Valdinei Gomes**
Capa: **Vitor Martins**

Dados Internacionais de Catalogação na Publicação (CIP)
Angélica Ilacqua CRB-8/7057

B115s
    Baçan, Lourivaldo Perez
    A sabedoria dos Salmos / Lourivaldo Perez Baçan. –– São Paulo : Universo dos Livros, 2020.
    128 p.

    ISBN 978-65-5609-003-0

    1. Salmos I. Título

20-2136   CDD 223

SUMÁRIO

INTRODUÇÃO 7
OS AUTORES 11
O CONTEÚDO DO LIVRO DOS SALMOS 17
    O conteúdo segundo a Bíblia hebraica 17
    O conteúdo segundo o tema 22
    O conteúdo segundo o gênero 24

A FORÇA MÍSTICA DOS SALMOS 27
    Necessidade e Salmo a ser utilizado 30
    Árvore da Vida e o caminho dos Anjos 68
    Caminhando com os Anjos 97

CABALA, SALMOS E ANJOS 103
    Anjos Mensageiros 107

A poderosa novena dos Salmos 114
Primeiro dia 115
Segundo dia 116
Terceiro dia 117
Quarto dia 117
Quinto dia 118
Sexto dia 119
Sétimo dia 120
Oitavo dia 120
Nono dia 121

REFERÊNCIAS BIBLIOGRÁFICAS 123

INTRODUÇÃO

Os Salmos eram, originalmente, hinos e orações sagrados, usados pelo povo de Israel para louvar o Criador, implorar misericórdia, agradecer graças recebidas e rememorar prodígios de Sua providência em favor desse povo. Foram escritos ao longo de aproximadamente 800 anos, abrangendo um período que vai de Moisés até a volta do cativeiro da Babilônia. Até hoje, ainda são utilizados nas Igrejas Cristãs como fonte de inspiração e devoção.

O caráter musical dos Salmos pode ser atestado pela expressão *Selá*, que aparece mais de 70 vezes ao longo do Livro, referindo-se a um interlúdio musical, ou seja, uma pausa entre uma passagem e outra. Como aparece entre parênteses, a palavra indica que, naquele ponto, haveria uma pausa antes da continuidade do hino.

Outra expressão técnica relacionada à música aparece nos Salmos 4, 6, 54, 55, 67 e 76, em que há a indicação do acompanhamento desejado pelo autor com instrumentos de cordas, o que exigiria o uso do saltério ou, eventualmente, da harpa. No Salmo 5, a recomendação é que seja acompanhado por flautas.

Esses cânticos eram chamados *Thehillim*, para serem entoados ao som de um instrumento musical e, na sua maioria, instrumentos de corda, sendo o *Saltério* o principal deles. Deu-se, então, a essa coleção de 150 hinos o nome de *Saltério* ou Salmos em virtude do uso recomendado desse instrumento. Apesar que em hebraico o nome dado fosse *Thehillim* ou *Tehellim*, termo que significa hino, a palavra hebraica mais utilizada para eles era *Mizmor*, que poderia significar cânticos, louvores ao Altíssimo, pedidos de perdão e súplicas que espelham o sofrimento e as alegrias do povo hebreu. Surgem também cânticos sobre a vida no deserto e nos oásis, menção às tendas, aos pastores e às visões da cidade de Jerusalém, com seus magníficos palácios e seu suntuoso templo sagrado. Assim, no *Saltério* predominam não apenas os temas de oração e louvor, mas toda uma variedade de experiências religiosas e do cotidiano.

Antigamente e na língua original, o hebraico era a forma correta de se entoar os Salmos como um cântico.

Introdução

A combinação de palavras dentro de um ritmo, ao ser verbalizada, produzia vibrações que, acreditava-se, produziam o efeito desejado no plano superior. As sucessivas traduções e versões retiraram o ritmo original e a combinação de palavras perdeu seu efeito mágico. Mesmo assim, os Salmos ainda são uma das mais poderosas formas de súplica, louvor ou adoração empregadas pelos crentes.

Aos Salmos têm sido atribuídos poderes especiais, como o de uma fonte direta de comunicação com o Céu, levados pessoalmente pelos Anjos. Quando alguém ora por meio de um Salmo, acredita-se que sua mensagem é captada por um dos Anjos Mensageiros, que a conduz imediatamente até o Criador.

Na prática, para entoar um Salmo, é preciso recolhimento a um local tranquilo e silencioso, além de reflexão por alguns instantes. Uma vela acesa é recomendada. Em seguida, deve-se concentrar no problema específico, que levou à oração, libertando o coração de toda maldade, de todo ressentimento, de todo desejo de vingança e de todo e qualquer sentimento negativo. Elevar a mente a Deus Todo-Poderoso e, com calma e emoção, ler ou declamar o Salmo escolhido, colocando a alma nessa prática, fazendo das palavras as mensageiras das necessidades.

Ao terminar, continuar em concentração por algum tempo, sentindo a presença serena de um dos Anjos Mensageiros que virá para confortar e levar a mensagem até o Altíssimo.

OS AUTORES

O Livro dos Salmos está dividido em cinco partes ou livros, a saber:
- Livro I – Salmos 1 a 41;
- Livro II – Salmos 42 a 72;
- Livro III – Salmos 73 a 89;
- Livro IV – Salmos 90 a 106;
- Livro V – Salmos 107 a 150.

Na Bíblia hebraica, os cinco livros que compõem os Salmos estão divididos da seguinte forma:
- Salmos de Instrução – Salmos 1 a 41;
- Salmos de Louvor e Adoração – Salmos 42 a 72;
- Salmos de Ação de Graças – Salmos 73 a 89;
- Salmos Devocionais – Salmos 90 a 106;
- Salmos Messiânicos – Salmos 107 a 150.

Há, em algumas Bíblias, uma divergência de numeração dos Salmos, a partir do Salmo 9. Algumas versões continuam com um Salmo 9b, enquanto outras continuam a numeração normalmente, passando para o Salmo 10, versão que observamos neste trabalho. Esta divergência surgiu na versão Septuaginta, nome da tradução da Torá para o grego, feita no século III a.C., encomendada por Ptolomeu II (287 a.C. — 247 a.C.), rei do Egito, para a recém-inaugurada Biblioteca de Alexandria. A tradução tornou-se conhecida como a Versão dos Setenta, Septuaginta ou apenas LXX, pois foram 72 rabinos, segundo se sabe, que a completaram em 72 dias. Nesta versão, os Salmos 9 e 10 formam um único Salmo.

Não se sabe exatamente quais foram os autores de muitos dos Salmos, acreditando-se que, em algumas oportunidades, o autor atribuído a certos Salmos tenha sido, na realidade, apenas o compilador. Como os títulos normalmente identificavam os autores, na maioria dos Salmos, nas diversas versões da Bíblia tem-se uma lista de autores, embora esteja longe de espelhar a verdadeira autoria deles. A Davi são atribuídos 73 hinos, aos filhos de Corá, 11, a Asafe, 12, a Hemã, um, a Etã, um, a Salomão, dois, a Moisés, um, a Ageu, um, a Zacarias, um e a Ezequias, alguns, mas não se determinou ainda o número exato. A autoria dos demais Salmos permanece anônima.

A Davi é atribuída a autoria de 38 ou 39 dos 41 Salmos no Livro I, desconhecendo-se a autoria de três deles, os Salmos 1, 10 e 33. Na Septuaginta, no entanto, o Salmo 10 aparece como uma continuação do Salmo 9, sendo, portanto, também creditado a Davi, pois há semelhanças no estilo e na mensagem.

No Livro II, 18 dos 31 Salmos são atribuídos a Davi, três aos filhos de Corá, Assir, Elcana e Abiasafe, cantores em Jerusalém; um a Asafe, um a Salomão e quatro não são identificados. Embora seja considerado como anônimo, o Salmo 43 é uma continuação do 42, provavelmente de autoria dos filhos de Corá.

Asafe e os filhos de Corá escreveram a maioria dos Salmos do Livro III, creditando-se um deles a Davi e outro a Etã.

No Livro IV, o autor não é identificado na maioria dos Salmos, sendo atribuídos a Davi dois Salmos e um a Moisés.

Davi escreveu também 15 Salmos do Livro V, Salomão escreveu um e o restante não tem seu autor identificado.

Davi é, portanto, o autor da maior parte dos Salmos e quem deu origem ao Livro como um todo. Seu reinado foi grandioso, mas turbulento. Apesar disso, sempre se ocupou da Torá. Diariamente, após cumprir seus deveres como rei, estudava noite adentro e, após a meia-noite e até o amanhecer, compunha os cânticos. Durante as batalhas ou em fuga, aflito e angustiado no deserto, buscava alento na proximidade com Deus. Ao compor o Salmo 6, o rei dos judeus estava muito doente e enfraquecido. Aceitou, no entanto, suas dores como uma forma de libertar a alma do pecado e da agitação. O cântico é a súplica de um homem doente ao seu Deus (versículos 2, 3 e 4): *Tem compaixão de mim, Senhor, porque sou fraco; sara-me, Senhor, porque os meus ossos estão perturbados. Também a minha alma está muito perturbada; mas tu, Senhor, até quando?... Volta-te, Senhor, livra a minha alma; salva-me por tua misericórdia.*

O Salmo 23, o mais conhecido deles, foi composto por Davi durante o período mais turbulento de sua vida, quando derrotado, fugia de Saul e de seu exército, refugiando-se numa floresta desolada. O Altíssimo, no entanto, não o abandonou, inspirando-o: *O Senhor é o meu pastor; nada me faltará. Deitar-me faz em pastos verdejantes; guia-me mansamente a águas tranquilas. Refrigera a minha alma; guia-me nas veredas da justiça por amor do seu nome. Ainda que eu ande pelo vale da sombra da morte, não temerei mal algum, porque tu estás comigo; a tua vara e o teu cajado me consolam. Preparas uma mesa perante mim na presença dos meus inimigos; unges com óleo a minha cabeça, o meu cálice transborda. Certamente que a bondade e a misericórdia me seguirão todos os dias da minha vida, e habitarei na casa do Senhor por longos dias.*

O CONTEÚDO DO LIVRO DOS SALMOS

O CONTEÚDO SEGUNDO A BÍBLIA HEBRAICA

Na divisão em que aparecem na Bíblia hebraica, os Salmos são classificados em:
- Salmos de Instrução;
- Salmos de Louvor;
- Salmos de Adoração;
- Salmos de Ação de Graças;
- Salmos Devocionais;
- Salmos Messiânicos;
- Salmos Históricos.

Salmos de Instrução

O tema desse Salmo é o caráter dos homens bons e maus, sua felicidade e sua miséria (1); a excelência da lei

Divina (19 e 119); a futilidade da vida humana (90); os deveres dos que governam (82) e a humildade (13). O Salmo 1 é um bom exemplo desta temática: *Bem-aventurado o homem que não anda segundo o conselho dos ímpios, nem se detém no caminho dos pecadores, nem se assenta na roda dos escarnecedores; antes tem seu prazer na lei do Senhor, e na sua lei medita dia e noite. Pois será como a árvore plantada junto às correntes de águas, a qual dá o seu fruto na estação própria, e cuja folha não cai; e tudo quanto fizer prosperará.* (1:1-3)

Salmos de Louvor e Adoração

Nesses Salmos vê-se o reconhecimento da bondade e do cuidado de Deus (23 e 103) e seu poder e sua glória (8, 24, 136 e 148). O exemplo mais lembrado é o Salmo 23, embora não se possa desmerecer a beleza e a propriedade dos demais, como nos exemplo a seguir: *Ó Senhor, Senhor nosso, quão admirável é o teu nome em toda a terra, tu que puseste a tua glória dos céus! Da boca das crianças e dos que mamam tu suscitaste força, por causa dos teus adversários para fazeres calar o inimigo e vingador. Quando contemplo os teus céus, obra dos teus dedos, a lua e as estrelas que estabeleceste, que é o homem, para que te lembres dele? E o filho do homem, para que o visites? Contudo, pouco abaixo de Deus o fizeste; de glória e de honra o coroaste.* (8:1-5).

Salmos de Ação de Graças

São cânticos de agradecimento pela misericórdia Divina para com cada homem em particular (18 e 34) e para com os israelitas em geral (81 e 85). São Salmos que demonstram a grande fé e a infinita confiança do povo em seu Criador e em seu poder libertador. Um dos mais expressivos pode ser considerado o Salmo 18, particularmente em seu início: *Eu te amo, ó Senhor, força minha. O Senhor é a minha rocha, a minha fortaleza e o meu libertador; o meu Deus, o meu rochedo, em quem me refugio; o meu escudo, a força da minha salvação, e o meu alto refúgio. Invoco o Senhor, que é digno de louvor, e sou salvo dos meus inimigos. Cordas de morte me cercaram, e torrentes de perdição me amedrontaram. Cordas de Seol me cingiram, laços de morte me surpreenderam. Na minha angústia invoquei o Senhor, sim, clamei ao meu Deus; do seu templo ouviu ele a minha voz; o clamor que eu lhe fiz chegou aos seus ouvidos. Então a terra se abalou e tremeu, e os fundamentos dos montes também se moveram e se abalaram, porquanto ele se indignou. Das suas narinas subiu fumaça, e da sua boca saiu fogo devorador; dele saíram brasas ardentes. Ele abaixou os céus e desceu; trevas espessas haviam debaixo de seus pés. Montou num querubim, e voou; sim, voou sobre as asas do vento.*

Fez das trevas o seu retiro secreto; o pavilhão que o cercava era a escuridão das águas e as espessas nuvens do céu. Do resplendor da sua presença saíram, pelas suas espessas nuvens, saraiva e brasas de fogo. O Senhor trovejou a sua voz; e havia saraiva e brasas de fogo. Despediu as suas setas, e os espalhou; multiplicou raios, e os perturbou. Então foram vistos os leitos das águas, e foram descobertos os fundamentos do mundo, à tua repreensão, Senhor, ao sopro do vento das tuas narinas. Do alto estendeu o braço e me tomou; tirou-me das muitas águas. Livrou-me do meu inimigo forte e daqueles que me odiavam; pois eram mais poderosos do que eu (18:1-17).

Salmos Devocionais

Englobam sete Salmos de arrependimento para com Deus (6, 32, 38, 51, 102, 130 e 143); a expressão da confiança mesmo diante da aflição (3 e 27); a esperança na presença da mais extrema aflição; orações para momentos de muita aflição (4, 28 e 120); orações por alguém privado de servir a Deus no templo (42); orações durante tempos de perseguição e de aflição (44) e orações de intercessão (20 e 67). O Salmo 4 ilustra um cântico para momentos de extrema aflição e confiança da ação do Altíssimo: *Responde-me quando eu clamar, ó Deus da minha justiça! Na angústia me deste larqueza; tem misericórdia de mim e ouve a minha oração. Filhos dos homens, até quando convertereis a minha glória em infâmia? Até quando amareis a vaidade e buscareis a mentira? Sabei que o Senhor separou para si aquele que é piedoso; o Senhor me ouve quando eu clamo a ele. Irai-vos e não pequeis; consultai com o vosso coração em vosso leito, e calai-vos. Oferecei sacrifícios de justiça, e confiai no Senhor* (4:1-5).

Salmos Messiânicos

São os Salmos que profetizam a vinda do Messias, em que são dadas referências diretas ou simbólicas a Cristo: Cristo como rei (2, 45, 72, 110, 132:11), o Seu sofrimento (22, 41, 55:12-14, 69:20-21), a Sua ressurreição (16) e a Sua ascensão (68:18).

Salmos Históricos

Nesses Salmos, são narradas passagens da história dos hebreus (78, 105 e 106). O aspecto histórico fica evidente já no início dos cânticos: *Escutai o meu ensino, povo meu; inclinai os vossos ouvidos às palavras da minha boca. Abrirei a minha boca numa parábola; proporei enigmas da antiguidade, coisas que temos ouvido e sabido, e que nossos pais nos têm contado* (78:1-3). *Lembrai-vos das maravilhas que ele tem feito, dos seus prodígios e dos juízos da sua boca, vós, descendência de*

Abraão, seu servo, vós, filhos de Jacó, seus escolhidos (105:5-6). *Louvai ao Senhor. Louvai ao Senhor, porque ele é bom; porque a sua benignidade dura para sempre. Quem pode referir os poderosos feitos do Senhor, ou anunciar todo o seu louvor?* (106:1-2).

O CONTEÚDO SEGUNDO O TEMA

Uma divisão mais abrangente do conteúdo dos Salmos pode ser feita conforme o tema de cada um. Assim, teremos:

1. O homem, sua exaltação (Salmo 8) e sua condição de pecador (Salmos 10, 14, 36, 55 e 59, por exemplo).

2. O mundano e o ímpio em oposição ao piedoso (Salmos 1, 4 e 5); a demora do castigo (Salmo 10); a prosperidade (Salmos 37 e 73); o destino (Salmos 9 e 11) e a confiança na riqueza (Salmo 49).

3. A espiritualidade: arrependimento (Salmos 25, 38, 51 e 130); perdão (Salmo 32); conversão (Salmo 40); consagração (Salmo 116); confiança (Salmos 3, 16, 20, 23, 27, 31, 34, 42, 61, 62, 91 e 121); a capacidade de ser ensinado (Salmo 25); aspiração (Salmos 42, 63 e 143); oração (Salmos 55, 70, 77, 85, 86, 142 e

143); louvor (Salmos 96, 98, 100, 103, 107, 136, 145, 148, 149 e 150); adoração (Salmos 43, 84, 100, 122 e 132); aflição (Salmos 6, 13, 22, 69, 88 e 102); velhice (Salmo 71); fugacidade da vida (Salmos 39, 49 e 90); lar (Salmo 127) e nostalgia (Salmo 137).

4. A igreja, simbolicamente: segurança (Salmo 46); glória (Salmos 37 e 48); amor para com ela (Salmos 84 e 122); unidade (Salmo 133).

5. A Palavra de Deus (Salmos 19 e 119).

6. Os missionários (Salmos 67, 72, 96 e 98).

7. O dever dos governantes (Salmos 82 e 101).

8. Os Atributos Divinos: sabedoria, majestade e poder (Salmos 18, 19, 29, 62, 66, 89, 93, 97, 99, 118 e 147); conhecimento infinito (Salmo 139) e poder de criação (Salmos 33, 89 e 104).

9. Israel: incredulidade (Salmo 78); desolação e aflição (Salmos 79 e 80); reincidência (Salmo 81) e providência Divina (Salmos 105, 106 e 114).

O CONTEÚDO SEGUNDO O GÊNERO

Muito embora os gêneros possam se confundir e num mesmo Salmo podem ser encontrados elementos variados dessa classificação, ainda é possível estabelecer uma classificação do conteúdo. Dessa forma, vamos encontrar no livro os seguintes gêneros:

1. Salmos de Louvor: 8, 19, 29, 33, 100, 103, 104, 111, 113, 114, 117, 135, 136, 145, 146, 147, 148, 149 e 150.

2. Salmos de Javé: 47, 93, 96, 97, 98 e 99.

3. Salmos de Jerusalém: 46, 48, 76, 84, 87 e 122.

4. Salmos Individuais de Súplica: 5, 6, 7, 13, 17, 22, 25, 26, 28, 31, 35, 36, 38, 39, 42, 43, 51, 54, 55, 56, 57, 59, 61, 63, 64, 69, 70, 71, 86, 88, 102, 109, 120, 130, 140, 141, 142 e 143.

5. Salmos Individuais de Confiança: 3, 4, 11, 16, 23, 27, 62, 121 e 131.

6. Salmos Individuais de Ação de Graças: 9, 10, 30, 32, 34, 40, 41, 92, 107, 116 e 138.

7. Salmos Penitenciais: 6, 32, 38, 51, 102, 130 e 143.

8. Salmos Coletivos de Súplica: 12, 44, 58, 60, 74, 79, 80, 82, 83, 85, 90, 94, 106, 108, 123, 126 e 137.

9. Salmos Coletivos de Confiança: 115, 125 e 129.

10. Salmos Coletivos de Ação de Graças: 65, 66, 67, 68, 118 e 124.

11. Salmos Reais: 2, 18, 20, 21, 45, 72, 89, 101, 110, 132 e 144.

12. Salmos Didáticos Sapienciais ou de Meditação: 1, 37, 49, 73, 91, 112, 119, 127, 128, 133 e 139.

13. Salmos Históricos: 78 e 105.

14. Salmos de Exortação Profética: 14, 50, 52, 53, 75, 81 e 95.

15. Salmos Rituais: 15, 24 e 134.

A FORÇA MÍSTICA DOS SALMOS

O Livro dos Salmos, ou Saltério, é particularmente usado de forma mística na Cabala e na Teurgia. Na Cabala – uma doutrina esotérica judaica, que visa conhecer Deus e o Universo – ensina-se que cada letra, palavra, número e acento das Sagradas Escrituras contêm um sentido oculto e aprende-se os métodos de interpretação para conhecer esses significados. Na Teurgia, os Salmos são usados na mágica ritual que busca incorporar a força Divina em um objeto material ou no ser humano, produzindo um estado de transe visionário.

Também na tradição popular, os Salmos são utilizados em forma de oração para pedir a intercessão Divina na solução de problemas comuns aos mortais. Esse uso místico popular baseia-se, principalmente, na concepção de que há um Deus que governa o universo, que acolhe e protege seus filhos e se mantém sempre disposto a atender pedidos de socorro, gritos de desespero e anseios, não apenas de indivíduos, mas também de uma comunidade.

Esse uso místico popular nasceu com Santo Arsênio da Capadócia, um dos monges mais famosos da Antiguidade, nascido no século IV. Ele foi estimado por seus ditados, bênçãos e orações que as pessoas chegavam a viajar semanas e até meses para estar com ele e ouvir seus conselhos. Quando não conhecia uma oração específica para amenizar o problema de quem o consultava, o Santo costumava utilizar os Salmos, uso que, mais tarde, foi transmitido pelo ancião Paisios e compilado no livro *Geron Paisios,* escrito por Hieromonachos Christodoulos, na Grécia.

Foi a partir desse santo, portanto, que o uso místico dos cânticos popularizou-se. Com o passar do tempo e o surgimento de novas atribulações, a tradição foi acrescentando novas utilidades aos Salmos, segundo seu conteúdo. A lista é dinâmica, como a própria natureza das necessidades humanas. Inicialmente, na sua versão original, os Salmos eram cantados. As sucessivas traduções e modernizações resultaram em textos sem a métrica e o ritmo necessários para tanto. Seu uso como oração é a forma mais utilizada. Como toda oração, requer reclusão, serenidade e concentração para que produza os benefícios desejados. Obviamente, o ingrediente mais importante é a fé de quem se utiliza desse expediente. Para fazer uso do poder místico dos Salmos, basta localizar na lista um problema específico e orar o Salmo. Algumas práticas recomendam que seja rezado de hora em hora, até a solução da pendência. Outras recomendam um número determinado de vezes: três, nove, quinze, trinta, conforme o benefício desejado.

NECESSIDADE E SALMO A SER UTILIZADO

Abundância: favorecer a abundância em todas as nações – Salmo 72. Viver em abundância – Salmo 62.

Ação de Graça: agradecer graça alcançada – Salmos 18, 56, 95 e 116.

Acusação injusta: defender-se – Salmos 7 e 25.

Adoração: prestar adoração ao Senhor – Salmos 28 e 94.

Adulto: alcançar cura de doenças nos olhos de adulto – Salmo 133. Curar doenças em órgãos vitais de adulto – Salmo 133.

Adversário: obter vitória sobre os adversários – Salmo 68.

Adversidade: enfrentar e superar adversidades – Salmos 33 e 101.

Aflição: consolar pessoas aflitas – Salmo 125. Encontrar alívio em Deus em momentos de aflição – Salmo 109. Livrar-se de aflições – Salmo 142. Afastar as aflições – Salmo 23. Superar as aflições – Salmo 56.

Agressão: proteger-se de agressões – Salmo 130.

Ajuda: contar com ajuda de amigos – Salmo 112.

Alcoolismo: enfrentar e superar – Salmo 68.

Alegria: agradecer pela alegria alcançada – Salmo 46. Agradecer pelas alegrias da vida – Salmo 148. Atrair a alegria de viver – Salmo 78. Ter alegria na comunidade – Salmo 93. Viver com alegria – Salmo 33.

Alegria de viver: aumentar a alegria de viver – Salmo 95.

Alimento: prover alimentos ou agradecer por eles – Salmo 101.

Alívio: encontrar alívio em Deus em momentos de aflição – Salmo 109.

Alma: aliviar a alma – Salmo 4. Aliviar desencarnados que sofrem – Salmo 129. Aquecer a alma – Salmo 111. Fortalecer a alma – Salmo 95. Livrar-se de males da alma – Salmo 110. Proporcionar grandeza de alma – Salmo 20. Viver sem perturbações que afligem a alma – Salmo 76.

Amargura: combater a amargura – Salmo 65.

Ambição: favorecer as próprias ambições ou proteger-se de pessoas ambiciosas – Salmo 100.

Ambiente: eliminar energias negativas de um ambiente – Salmo 122. Livrar um ambiente de energias negativas – Salmo 7.

Amizade: conservar amizades sinceras – Salmo 47. Contar com ajuda de amigos – Salmo 112. Fazer brotar a amizade no casal – Salmo 123. Fazer novos amigos – Salmo 112. Manter fortes amizades – Salmo 97.

Proteger-se contra falsas amizades – Salmo 64. Receber apoio de amigos – Salmo 86.

Amor: afastar aflições no amor – Salmo 47. Atrair um grande amor – Salmo 127. Aumentar o amor no coração – Salmo 31. Conquistar o amor – Salmo 76. Cultivar amor – Salmo 115. Dar graças por um amor verdadeiro – Salmo 46. Encontrar paz no amor – Salmo 41. Estimular o amor – Salmo 148. Favorecer amor sincero – Salmos 43 e 142. Iluminar o amor – Salmo 41. Livrar de falso amor ou consolar amor magoado – Salmo 40. Obter compreensão no amor – Salmo 12. Promover o amor entre raças – Salmo 150. Receber uma graça no amor – Salmo 17. Superar problemas no amor – Salmo 88. Viver um grande amor – Salmo 12. Encher-se de amor – Salmo 111.

Amparo Divino: confiar no amparo divino – Salmo 145.

Anemia: auxiliar na cura – Salmos 31, 37 e 72.

Angústia: combater as angústias – Salmo 74. Dominar a angústia – Salmo 106. Livrar-se da angústia – Salmo 4. Livrar-se de assuntos angustiantes – Salmo 110.

Animais: proteger animais da extinção – Salmo 35. Pedir proteção para animais – Salmo 134. Proteger animais domésticos – Salmos 103 e 106. Proteger-se contra animais selvagens – Salmos 57, 90 e 123. Proteger-se contra animais venenosos – Salmo 13.

Anjo: invocar anjos – Salmo 116. Receber a ajuda dos anjos – Salmos 86. Contar com a presença dos anjos – Salmo 98.

Ansiedade: Afastar a ansiedade – Salmo 78. Combater a ansiedade – Salmos 65 e 74.

Aparelhos: proteger aparelhos domésticos e profissionais – Salmo 126.

Apoio: receber apoio de amigos – Salmo 86.

Arrombamento: evitar arrombamentos na moradia – Salmo 107.

Assassino: evitar assassinos – Salmo 58.

Assunto complicado: acelerar a conclusão de assunto complicado – Salmo 144. Solucionar assuntos domésticos – Salmo 100. Superar assuntos mundanos – Salmo 22.

Ataque cardíaco: auxiliar em ataques cardíacos – Salmo 13.

Atribulações: enfrentar e superar atribulações – Salmos 4, 16, 22, 29, 45, 61, 65 e 89.

Autoestima: proporcionar autoestima – Salmo 70.

Auxílio: obter auxílio do próximo – Salmo 14. Receber auxílio – Salmo 40. Receber auxílio nas horas de provações – Salmo 6.

Bajulação: manter bajuladores a distância – Salmo 150.

Bandido: defender-se de bandidos – Salmo 58.

Batalha: pôr fim às batalhas – Salmo 75. Vencer um longo período de batalha – Salmo 66.

Bênção: agradecer bênçãos recebidas – Salmo 96. Agradecer uma bênção – Salmos 18 e 46.

Bens materiais: proteger bens possuídos – Salmo 126.

Blasfêmia: afastar blasfemadores – Salmo 113. Evitar blasfêmia – Salmos 14 e 23.

Boa vontade: manter a boa vontade – Salmo 33.

Bondade: desenvolver bondade – Salmo 113.

Bruxaria: defender-se e proteger-se contra bruxarias de todos os tipos – Salmos 31, 34, 37, 51, 57 e 139.

Calamidade pública: afastar perigo iminente – Salmos 15, 45 e 143.

Calúnia: afastar o mal de caluniadores – Salmo 108. Defender-se de calúnia – Salmo 139. Proteger-se de calúnias – Salmo 80. Vencer caluniadores – Salmos 4, 37, 51, 56 e 100.

Caminhos: clarear os caminhos – Salmo 85. Desobstruir caminhos – Salmo 64. Proteger seus caminhos – Salmo 28.

Câncer: pedir pela cura – Salmo 37.

Capacidade: demonstrar capacidade – Salmo 79.

Caráter: favorecer a nobreza de caráter – Salmo 118.

Caridade: favorecer a caridade em si próprio – Salmo 11. Desenvolver a caridade no próximo – Salmos 14 e 32.

Carinho: conquistar carinho – Salmo 12. Encontrar carinho – Salmo 111. Ter o carinho da comunidade – Salmo 93.

Casa: proteger casa – Salmo 126.

Casal: aumentar a sintonia conjugal – Salmo 21. Consolidar a felicidade de um casal – Salmo 7. Desenvolver gratidão no casal – Salmo 123. Facilitar a vida de casais – Salmo 123. Fazer brotar a amizade no casal – Salmo 123. Fortalecer os casais – Salmo 116. Promover a felicidade de um casal – Salmo 21. Restabelecer a confiança entre casais – Salmo 123. Restabelecer a paz entre casais – Salmo 123.

Casa mal-assombrada: abençoar e limpar uma casa habitada por maus espíritos – Salmos 47 e 90.

Casamento: afastar as traições no casamento – Salmo 21. Casar-se – Salmo 16. Favorecer um casamento – Salmo 142. Receber graças no casamento – Salmo 37.

Castidade: fortalecer-se para a castidade – Salmos 100 e 118. Manter a castidade – Salmos 11 e 23.

Cativeiro: abrir cativeiros – Salmo 35.

Causa: lutar pelas boas causas – Salmo 55.

Cautela: ter cautela na hora de agir – Salmo 140.

Certeza: desenvolver a certeza de que tudo passa e que a vida permanece – Salmo 132.

Chefes: receber apoio de chefes – Salmo 86.

Chuva: atrair chuva – Salmos 62, 71, 134 e 146. Proteger-se da chuva – Salmo 138.

Ciência: desenvolver as ciências humanas – Salmos 18, 93 e 118. Proteger-se das ciências ocultas – Salmos 50 e 138.

Cirurgia: enfrentar cirurgias – Salmo 109. Enfrentar cirurgia complicada – Salmo 69.

Ciúme: anular ciúme infundado – Salmo 115. Lutar contra o ciúme – Salmos 51 e 111.

Colheita: aumentar as colheitas – Salmos 4, 36, 103 e 104. Favorecer as colheitas – Salmo 62.

Comércio: facilitar o comércio em geral – Salmo 104.

Compaixão: desenvolver compaixão – Salmo 113.

Companheirismo: fixar laços de companheirismo – Salmo 112. Atrair companheirismo – Salmo 127.

Compreensão: apurar a compreensão – Salmo 129. Aumentar a compreensão entre as pessoas – Salmo 97. Desenvolver a compreensão – Salmos 43, 113 e 118. Obter compreensão no amor – Salmo 12. Ter compreensão na comunidade – Salmo 93.

Comunidade: ter alegria, compreensão, carinho, respeito, paz e viver bem na comunidade – Salmo 93.

Concentração: desenvolver concentração – Salmo 92.

Concurso: encarar resultado de concursos – Salmo 109. Ter sucesso em concursos – Salmo 39.

Confiança: atrair pessoa confiável – Salmo 127. Despertar confiança nas pessoas – Salmo 105. Devolver a confiança – Salmo 70. Estimular a confiança – Salmo 44. Restabelecer a confiança entre casais – Salmo 123.

Conhecimentos: obter conhecimentos – Salmo 18. Praticar e repassar conhecimentos – Salmo 131.

Conquista: celebrar conquistas alcançadas – Salmo 149.

Consciência: manter-se em paz com a consciência – Salmo 99.

Conselho: receber um bom conselho – Salmo 16.

Convalescença: apressar uma recuperação – Salmo 65.

Convívio: ter paciência ao conviver com pessoas – Salmo 140.

Coração: aliviar o coração – Salmo 4. Aquecer o coração – Salmo 111. Auxiliar tratamento de doenças do coração – Salmo 72. Proteger o coração – Salmo 107. Purificar o coração – Salmo 23. Purificar o coração das pessoas – Salmo 99.

Corpo: fortalecer o corpo – Salmo 95. Livrar-se dos males do corpo – Salmo 110.

Criação Divina: valorizar a criação Divina – Salmo 98.

Criança: alcançar cura de doenças nos olhos e em órgãos vitais de criança – Salmo 133. Conceber – Salmos 36, 101, 112 e 126. Curar saúde abalada – Salmo 8.

Criminoso: acalmar corações de criminosos – Salmo 83.

Cura: obter uma cura – Salmo 102. Rezar por todas as curas – Salmo 150.

Dádiva: agradecer a Deus pelas dádivas recebidas – Salmo 134. Desenvolver a dádiva da oratória – Salmos 50 e 110. Obter dádivas – Salmo 89.

Decisão: tomar decisão – Salmo 48. Tomar decisão acertada – Salmo 144. Tomar decisão importante – Salmo 16.

Demandas judiciais: vencer demandas judiciais – Salmo 4.

Denúncias injustas: proteger-se de falsas acusações – Salmo 68.

Depressão: evitar a depressão – Salmo 65. Superar a depressão – Salmo 8.

Desafeto: aproximar-se de desafetos – Salmo 94. Livrar-se de desafetos – Salmo 110.

Desamparo: superar o desamparo – Salmo 10.

Desânimo: combater o desânimo – Salmo 8.

Desarmonia: livrar-se de desarmonias – Salmo 110.

Desastre: evitar sofrer acontecimentos fortuitos – Salmos 40, 106 e 142.

Descanso eterno: pedir descanso eterno aos falecidos – Salmo 143.

Desconfiança: superar desconfianças – Salmo 146.

Descrença: enfrentar a descrença – Salmo 52.

Desespero: afastar o desespero – Salmo 78. Aliviar desespero – Salmo 103. Livrar-se de desespero – Salmo 142.

Superar situações desesperadoras – Salmos 3, 15, 24, 41, 42, 54, 56, 67, 68, 89, 101, 106, 113, 118 e 147.

Desgosto: superar o desgosto – Salmo 106.

Desgraças: superar as desgraças – Salmo 56.

Desinteresse: superar o desinteresse próprio ou das outras pessoas – Salmos 38 e 48.

Desolação: superar desolação pessoal – Salmos 29 e 114.

Desonestidade: defender-se de pessoas desonestas – Salmo 73.

Deus: adorar a Deus – Salmo 28. Agradecer a Deus pela vida – Salmo 134. Atrair a proteção e a glória de Deus – Salmo 42. Celebrar obras do Criador – Salmo 114. Encontrar alívio em Deus em momentos de aflição – Salmo 109. Fortalecer fé em Deus – Salmo 128. Reforçar a fé no Criador – Salmo 117. Invocar Deus – Salmo 116. Ligar-se a Deus – Salmo 17. Louvar ao Senhor – Salmo 119. Obter a misericórdia de Deus – Salmo 24 e 99. Reconhecer o poder e a glória de Deus – Salmo 29. Respeitar o nome de Deus – Salmo 98. Sentir-se na presença de Deus – Salmo 5. Temer a Deus – Salmo 28. Ter fé em Deus – Salmo 145.

Devedores: receber dívidas – Salmos 36 e 39.

Dia a dia: superar o dia a dia – Salmo 149. Suportar dificuldades do dia a dia – Salmo 144.

Dificuldade: superar as dificuldades – Salmo 91. Vencer as dificuldades – Salmo 45.

Dignidade: manter a dignidade em todo tipo de situação – Salmo 89.

Diplomacia: vencer com diplomacia – Salmo 105.

Disciplina: auxiliar a manter a disciplina – Salmo 118.

Disposição: conquistar disposição – Salmo 92.

Disputa: enfrentar disputas – Salmo 149.

Diversão: conseguir divertir-se – Salmo 41.

Dívida: fugir de dívidas com agiotas – Salmo 124.

Divórcio: enfrentar um divórcio – Salmo 15.

Doações: favorecer doações – Salmo 18.

Doença: alcançar cura de doenças nos olhos de adulto ou de criança – Salmos 6, 10, 12, 37, 113, 122, 130, 133 e 145. Auxiliar tratamento de doenças do coração e dos membros – Salmos 16 e 72. Curar doenças em órgãos vitais de criança ou de adulto – Salmo 133. Curar doença da boca – Salmo 113. Curar doença da coluna – Salmo 106. Curar doença das mãos – Salmo 113. Curar doença das pernas – Salmos 93 e 113. Curar doenças do coração – Salmos 13, 21, 72, 93 e 101. Curar doenças do estômago – Salmos 13 e 21. Curar doença do nariz. Curar doença do peito – Salmos 21 e 72. Curar doença do sangue – Salmos 6 e 123. Curar doença dos ossos – Salmos 6, 21, 33 e 101. Curar doença do ouvido – Salmos 93 e 113. Curar doença dos rins – Salmos 15, 72 e 113. Curar doença dos nervos – Salmos 12 e 37. Enfrentar doenças – Salmo 109. Pedir auxílio nas doenças graves – Salmo 9. Proteger-se contra doenças em geral – Salmos 29, 87 e 114. Proteger-se de doenças contagiosas – Salmo 141. Suportar doenças graves ou incuráveis – Salmos 9, 21 e 136.

Doentes: abençoar doentes hospitalizados – Salmo 84.

Dom natural: desenvolver dons naturais – Salmo 18. Facilitar o dom da fala – Salmo 80.

Domínio próprio: dominar-se – Salmo 105.

Dor espiritual: amenizar uma dor espiritual – Salmo 10.

Dores: amenizar dor de dente – Salmo 3. Dissipar dores em geral – Salmo 77. Diminuir dor de cabeça – Salmos 3 e 7. Diminuir dor de garganta – Salmos 1, 68 e 113.

Drama de consciência: evitar dramas de consciência – Salmo 107.

Droga: fortalecer as mães que têm filhos com problemas de drogas – Salmo 101.

Dúvida: fortalecer-se nas dúvidas – Salmo 146. Superar as dúvidas na vida – Salmo 57.

Emoção: preservar as emoções – Salmo 45.

Emprego: enfrentar uma seleção de emprego – Salmo 39. Manter-se no emprego – Salmo 120.

Empresa: fazer uma empresa prosperar – Salmo 67.

Enchente: proteger-se de enchentes – Salmos 17, 31, 73, 76, 92 e 113.

Energias negativas: combater as energias negativas – Salmo 80. Enfrentar energias negativas – Salmo 56. Afastar energias negativas – Salmo 5. Afastar energias negativas de pessoas mentirosas – Salmo 108. Eliminar energias negativas de um ambiente – Salmo 122. Expulsar energias negativas – Salmo 94. Livrar um ambiente de energias negativas – Salmo 7.

Energias positivas: atrair energias positivas – Salmos 43 e 91.

Enjoos: curar enjoo – Salmo 106.

Ente querido: enfrentar a perda de um ente querido – Salmo 40. Suportar a perda de pessoas queridas – Salmo 136.

Entusiasmo: aumentar o entusiasmo – Salmo 97.

Epidemia: combater epidemias – Salmo 77.

Epilepsia: curar a doença ou suavizar suas consequências – Salmos 16 e 37.

Equilíbrio: atrair o equilíbrio físico e espiritual – Salmo 77. Alcançar o equilíbrio físico – Salmo 20. Manter o equilíbrio – Salmo 132.

Erro: afastar pessoas erradas – Salmo 124. Evitar repetir erros – Salmo 32.

Escolha: fazer boas escolhas na vida – Salmo 24. Fazer uma escolha na hora certa – Salmo 142.

Esperança: aumentar esperança – Salmo 115. Fortalecer pessoas que perderam a esperança – Salmo 84. Manter a esperança – Salmo 9.

Espírito: fortalecer o espírito – Salmo 3. Defender-se de tristeza espiritual – Salmo 73. Reforçar o espírito – Salmo 45. Iluminar o espírito – Salmo 2. Trazer paz de espírito – Salmo 42. Trazer tranquilidade ao espírito – Salmo 20.

Espírito esportivo: fortalecer o espírito esportivo – Salmo 92.

Espírito Santo: ungir-se do Espírito Santo – Salmos 103 e 147.

Espíritos: livrar-se de espíritos ruins – Salmo 94. Defender-se dos espíritos noturnos – Salmo 90. Proteger-se de espíritos sem luz – Salmo 139. Vencer demônios e larvas espirituais – Salmos 37, 54, 73, 90, 95, 114, 140 e 141.

Espiritualidade: combater tormentos espirituais – Salmo 122. Elevar a espiritualidade – Salmo 38. Fortalecer a espiritualidade – Salmo 48. Reforçar a espiritualidade – Salmo 121. Incrementar e fortalecer a espiritualidade – Salmo 137.

Esportista: favorecer a prática de esportes – Salmos 17 e 92.

Estranho: proteger-se de estranhos mal-intencionados – Salmo 145.

Estupidez: combater a estupidez – Salmo 130.

Exame: encarar resultado de exames – Salmo 109.

Excessos: evitar excessos – Salmo 77.

Exílio: amenizar a dor do exílio – Salmos 38 e 41. Terminar com um exílio – Salmos 60, 125 e 136.

Êxito: ter êxito na vida – Salmo 19.

Exploração religiosa: livrar a humanidade da exploração religiosa – Salmo 82.

Expressão: proporcionar clareza de expressão – Salmo 44.

Falecidos: orar por entes queridos já falecidos – Salmo 143.

Falha: eliminar falhas – Salmo 31.

Falsidade: barrar falsidades – Salmo 57. Descobrir falsos amigos – Salmo 27. Livrar-se de falsidades – Salmo 12. Manter afastadas pessoas falsas – Salmo 14. Manter-se distante de pessoas falsas – Salmo 23.

Fama: conquistar a fama – Salmo 105.

Família: proteger família – Salmo 126. Receber apoio de familiares – Salmo 86.

Fanatismo: lutar contra o fanatismo – Salmo 82.

Fé: atrair fé – Salmo 115. Aumentar a fé – Salmo 44. Conservar a fé – Salmo 132. Fortalecer a fé – Salmos 11, 13, 24, 46 e 149. Reforçar a fé em Deus – Salmo 128. Ter fé em Deus – Salmo 145.

Febre: combater a febre – Salmos 13, 15, 16, 17, 34 e 37.

Feitiçaria: prevenir-se contra feitiçaria – Salmo 139.

Feitiço: proteger-se contra feitiços – Salmo 80.

Felicidade: atrair a felicidade – Salmo 111. Consolidar a felicidade de um casal – Salmo 7. Favorecer os bons acontecimentos na vida das pessoas – Salmo 100. Viver bons momentos ao lado de alguém especial – Salmo 111. Viver feliz – Salmo 76.

Ferida: curar feridas – Salmo 37.

Fertilidade: estimular a fertilidade – Salmo 43. Aumentar a fertilidade dos animais – Salmo 143.

Fidelidade: fortalecer a fidelidade à religião e à justiça em si e nas outras pessoas – Salmos 26, 59 e 122.

Finanças: louvar vitória nas finanças – Salmo 119.

Físico: fortalecer-se fisicamente – Salmo 88.

Fogo: evitar os perigos do fogo – Salmos 10, 16, 17 e 82.

Fome: superar a fome – Salmos 36 e 104. Suportar a fome – Salmo 106.

Força da natureza: enfrentar as forças da natureza – Salmos 30, 50 e 92.

Força de vontade: estimular a força de vontade – Salmo 22.

Força moral: desenvolver força moral – Salmo 70.

Fortuna: tomar posse de fortuna – Salmo 105.

Fraqueza: ser forte diante das fraquezas em todos os sentidos – Salmos 37, 72 e 146.

Fraternidade: aumentar a fraternidade – Salmo 97. Fortalecer a fraternidade universal – Salmos 32, 41, 71, 75 e 132.

Fraude: evitar fraudes – Salmo 54.

Frio: suportar o frio – Salmo 147.

Frutos da terra: favorecer os frutos da terra em geral – Salmos 77, 103, 104, 106 e 143.

Furto: evitar ter bens furtados – Salmos 5 e 147.

Gado: proteger o gado – Salmo 49. Ter lucros com seu gado – Salmo 113.

Gangrena: curar a gangrena – Salmo 37.

Ganhos: obter ganhos – Salmo 36.

Governantes: favorecer governantes – Salmo 61. Iluminar governantes – Salmo 60.

Graça: auxiliar na busca de uma graça – Salmo 106. Comemorar graças recebidas – Salmo 87. Divulgar uma graça – Salmo 96. Obter graça Divina – Salmo 121. Promover ações de graças – Salmo 148. Receber graças no casamento – Salmo 37. Receber uma graça – Salmo 6. Receber uma graça no amor – Salmo 17.

Gratidão: agradecer – Salmo 91. Demonstrar gratidão – Salmo 114. Desenvolver gratidão no casal – Salmo 123.

Guerra: pôr fim a todas as guerras ou a uma guerra em particular – Salmos 2, 43, 78, 88 e 143.

Guerra pessoal: finalizar guerras pessoais – Salmo 75.

Harmonia: alcançar a harmonia – Salmo 129. Aumentar a harmonia – Salmo 97. Manter harmonia interior – Salmo 118. Promover a harmonia entre nações – Salmo 150. Viver em harmonia – Salmo 32.

Herança: receber herança – Salmo 104. Reaver uma herança perdida – Salmos 24 e 60. Solucionar um problema de herança – Salmo 15.

Hipocrisia: afastar hipócritas do convívio pessoal – Salmos 34, 52, 53, 54 e 128. Combater a hipocrisia – Salmos 5, 30 e 139. Vencer a hipocrisia – Salmos 62, 100, 118 e 124.

Honestidade: atrair pessoa honesta – Salmo 127. Favorecer a honestidade – Salmos 50, 100, 105, 124 e 128.

Hospitalizados: abençoar doentes hospitalizados – Salmo 84.

Humanidade: abençoar a humanidade – Salmo 98. Beneficiar a humanidade – Salmo 60. Livrar a humanidade do radicalismo – Salmo 82. Livrar a humanidade da exploração religiosa – Salmo 82. Lutar por um mundo melhor – Salmo 138.

Humildade: aceitar viver com humildade ou entre pessoas humildes – Salmos 73, 88, 105, 112, 114, 120, 130 e 137. Aprender a viver com humildade – Salmo 131. Desenvolver humildade – Salmo 113. Ter humildade – Salmo 50.

Humilhação: superar humilhações – Salmo 70. Suportar humilhação – Salmo 136.

Idoso: ajudar idosos a realizar serviços – Salmo 102. Dar paciência aos idosos – Salmo 102. Fortalecer os idosos – Salmo 102. Proporcionar aos idosos a prática de alguma atividade – Salmo 102. Proteger os idosos – Salmo 34. Valorizar os idosos – Salmo 29.

Ignorância: vencer a ignorância – Salmos 17, 104 e 106.

Impaciência: afastar a impaciência – Salmo 78.

Imprevisto: afastar imprevistos – Salmo 147.

Incredulidade: lidar com a própria incredulidade ou a de outrem – Salmos 13, 52 e 108.

Inescrupulosos: afastar inescrupulosos – Salmo 60.

Inferno: afastar-se dos caminhos que conduzem à perdição – Salmos 17 e 114.

Infertilidade: curar infertilidade – Salmo 112.

Infidelidade: combater a infidelidade em todos os níveis – Salmo 59.

Influência: receber apoio de pessoas influentes – Salmo 86.

Influência negativa: anular uma influência negativa – Salmo 11.

Inimigos: afastar inimigos impiedosos – Salmo 55. Defender-se de inimigos – Salmo 26. Fortalecer-se diante de inimigos – Salmo 54. Obter vitória sobre os inimigos – Salmo 81. Pedir proteção contra inimigos – Salmo 24.

Proteger-se de inimigos disfarçados — Salmo 141. Vencer inimigos — Salmos 3, 30, 68, 85, 107 e 128.

Inimizade: pôr fim a uma inimizade — Salmo 54.

Injustiça: combater uma injustiça — Salmo 11. Enfrentar pessoas injustas — Salmo 27. Lutar contra injustiças — Salmo 56. Proteger-se de ataques injustos — Salmo 27. Vencer um combate injusto — Salmo 100.

Insetos: afastar insetos malignos — Salmos 77 e 104.

Insolação: curar insolação — Salmo 120.

Insônia: combater a insônia — Salmos 62, 76, 90, 101 e 126.

Instrução: instruir-se ou receber uma instrução — Salmo 143.

Inteligência: atrair pessoa inteligente — Salmo 127. Desenvolver a inteligência — Salmos 54, 91 e 118.

Intrigas: combater intrigantes ou evitar intrigas — Salmo 14. Descobrir e vencer intrigas ocultas — Salmo 25.

Intuição: apurar a intuição — Salmo 19. Desenvolver a intuição — Salmo 16.

Invasão de privacidade: evitar invasão de privacidade — Salmo 107.

Inveja: acalmar coração de gente invejosa — Salmo 83. Afastar a inveja — Salmo 7. Livrar-se de invejosos

– Salmo 135. Livrar-se de pessoas invejosas – Salmo 94. Manter distância dos invejosos – Salmo 53. Manter longe os invejosos – Salmo 108. Possibilitar que invejosos concretizem seus sonhos – Salmo 135.

Jesus Cristo: aceitar Jesus ou pedir para que outra pessoa O aceite – Salmos 108 e 131.

Juiz: encarar juízes em geral – Salmo 93.

Julgamento: enfrentar julgamentos – Salmo 95. Evitar julgamentos equivocados – Salmos 25, 70 e 71.

Justiça: alcançar a justiça Divina – Salmos 57, 60, 71, 72, 88, 105 e 110. Atrair justiça fraternal – Salmo 71. Cercar-se de pessoas justas – Salmos 81, 105, 111, 121 e 134. Conquistar a justiça – Salmo 11. Fortalecer a justiça – Salmo 100. Fortalecer os justos – Salmo 81. Rogar por justiça – Salmo 66.

Ladrão: afastar ladrões – Salmo 147. Proteger-se contra ladrões – Salmo 58.

Lar: fortalecer o lar – Salmo 106. Preservar a união – Salmo 126. Unir lar desunido ou desfeito – Salmos 127 e 143.

Lavoura: prosperar a lavoura – Salmo 67. Proteger a lavoura – Salmo 49.

Lei Divina: obedecer às leis de Deus – Salmo 118.

Liberdade: conquistar a liberdade – Salmo 31. Fortalecer a liberdade – Salmo 71.

Libertação: alcançar a libertação – Salmo 38.

Línguas: livrar-se da linguagem ou das conversas maléficas – Salmos 5, 63, 90 e 119.

Local: abençoar e iluminar locais – Salmos 61 e 142.

Luxúria: combater a luxúria – Salmo 143.

Luz: encontrar a luz – Salmo 28. Pedir luz – Salmo 90. Alcançar a luz Divina – Salmos 85 e 142.

Má influência: livrar-se de más influências – Salmo 94.

Mãe: ajudar as mães que têm filhos com problemas e viciados – Salmo 101. Amparar as mães que desejam ter filhos – Salmo 101. Fortalecer as mães que têm filhos envolvidos com drogas – Salmo 101.

Mágoa: afastar mágoas – Salmo 137. Evitar magoar – Salmo 130. Suportar mágoas – Salmo 136.

Mal: afastar o mal – Salmo 128. Evitar quem deseja fazer mal aos outros – Salmo 53. Livrar-se de males da alma, da mente ou do corpo – Salmo 110.

Maldade: distanciar-se de pessoas malévolas – Salmo 108. Proteger-se das maldades – Salmo 63. Superar a própria maldade – Salmo 52. Vencer maldades de qualquer natureza – Salmos 5, 30, 34, 53, 54, 62, 100, 118, 124, 128 e 139.

Maledicência: distanciar-se da maledicência – Salmo 61.

Malvadeza: aplacar coração de pessoa malvada – Salmo 83.

Marido: orar pelo marido – Salmo 30.

Maternidade: enfrentar a maternidade – Salmo 37.

Maus espíritos: defender-se de maus espíritos – Salmo 73.

Maus-tratos: evitar os maus-tratos – Salmo 35.

Meditação: criar ambiente propício à meditação – Salmos 80 e 150.

Medo: afastar o medo – Salmo 26. Combater os medos – Salmo 57. Enfrentar o medo – Salmo 54. Ser forte diante do medo – Salmo 146. Superar qualquer tipo de medo – Salmos 12 e 88. Reverenciar o temor de Deus – Salmo 118.

Membros: auxiliar tratamento de doenças dos membros – Salmo 72. Curar membros quebrados – Salmo 37.

Menor abandonado: amparar menor abandonado – Salmo 34.

Mensagens espirituais: captar mensagens espirituais – Salmo 30.

Mente: conscientizar a mente das pessoas – Salmo 99. Fortalecer a mente – Salmo 3. Livrar-se de males da mente – Salmo 110.

Mentira: afastar a mentira – Salmo 115. Afastar energias negativas de pessoas mentirosas – Salmo 108. Afastar mentiras – Salmo 54. Evitar mentiras – Salmo 57. Pedir proteção contra mentiras – Salmo 63. Vencer a mentira em qualquer situação – Salmos 11, 33, 57, 108 e 115.

Mestre: orar pelos mestres – Salmo 104.

Miséria: combater a miséria – Salmo 57. Enfrentar a miséria – Salmo 106.

Misericórdia: desenvolver misericórdia – Salmo 113. Obter a misericórdia de Deus – Salmos 24 e 99. Pedir misericórdia – Salmo 56.

Missionário: fortalecer o trabalho missionário – Salmo 147.

Mistérios: revelar mistérios – Salmo 64.

Momento de dor: superar momento de dor – Salmo 2.

Montanha: proteger-se numa montanha ou pedir proteção para uma delas – Salmo 103.

Moradia: evitar arrombamentos da moradia – Salmo 107.

Mordida: evitar mordidas de qualquer tipo – Salmos 21 e 31.

Morte: afastar o temor da morte – Salmo 48. Pedir por uma morte natural – Salmo 113.

Mudança: agilizar mudanças – Salmo 36.

Mudez: curar mudez – Salmo 38.

Multidão: destacar-se na multidão – Salmo 51.

Músico: desenvolver o talento ou as habilidades de músico – Salmos 80 e 150.

Nações: favorecer a abundância em todas as nações – Salmo 72. Promover a harmonia entre nações – Salmo 150.

Natureza: preservar a natureza – Salmo 49.

Naufrágio: evitar naufrágio – Salmos 67 e 68.

Navegador: proteger navegadores – Salmos 103 e 106.

Neblina: proteger-se em neblina – Salmo 138.

Necessidades: enfrentar horas de necessidade – Salmo 91. Sanar necessidades – Salmo 106.

Negócios: desenvolver os negócios em geral – Salmos 19, 20, 33, 69, 71 e 142. Atrair prosperidade nos negócios – Salmo 67. Atrair resultados para os negócios – Salmo 120. Atrair sucesso nos negócios – Salmo 104. Desembaraçar negócios – Salmo 15. Favorecer os negócios – Salmo 105. Firmar novos negócios – Salmo 16. Realizar novos negócios – Salmo 36.

Nervos: acalmar os nervos – Salmo 26.

Objetivo: alcançar um objetivo especial na vida – Salmo 1.

Objetos desaparecidos: localizar objetos desaparecidos – Salmo 25.

Obsessão: livrar-se de uma obsessão – Salmo 21.

Obstáculo: vencer os obstáculos da vida – Salmo 89.

Ódio: enfrentar o ódio – Salmos 4, 36 e 37. Superar o ódio pessoal – Salmo 31.

Ofensa: evitar ofender – Salmo 130.

Óleo: santificar óleo – Salmo 103.

Olhos: alcançar cura de doenças nos olhos de adulto ou de criança – Salmo 133.

Opressão: combater a opressão – Salmo 58. Prevenir-se contra opressão – Salmo 52. Superar a opressão – Salmo 106. Vencer opressores – Salmos 37 e 79.

Oprimidos: lutar pelos fracos e oprimidos – Salmos 9 e 93.

Oração: manter o pensamento firme em orações – Salmo 132.

Órfãos: consolar ou amparar órfãos – Salmos 26, 34, 67, 81 e 145.

Órgãos vitais: curar-se de doenças em órgãos vitais de adulto ou de criança – Salmo 133.

Orgulho: livrar-se do orgulho próprio exagerado – Salmo 131. Superar qualquer forma de orgulho em si ou nas pessoas – Salmos 11, 17, 28, 70, 88, 100, 118, 127 e 130.

Paciência: dar paciência aos idosos – Salmo 102. Desenvolver a paciência – Salmo 44. Ter paciência ao falar – Salmo 140.

Pactos: desfazer pactos diabólicos – Salmo 63.

Pais: respeitar os pais – Salmo 29.

País: conservar a reputação do país – Salmo 61.

Paixão: terminar paixão não correspondida – Salmo 115. Afastar paixões desenfreadas – Salmo 124.

Papel na vida: desempenhar bem um papel na vida – Salmo 33.

Paralisia: curar paralisia – Salmos 50, 94, 107, 117 e 118.

Parceria: firmar boa parceria – Salmo 112.

Parreira: dar bons frutos – Salmos 79 e 103.

Pássaros: orar pelos pássaros – Salmos 49 e 103.

Passeio: favorecer passeios – Salmo 41.

Paz: atrair paz fraternal – Salmo 71. Obter paz da alma – Salmos 6, 31, 37, 50, 101, 129 e 147. Conservar a paz entre as pessoas – Salmo 116. Encontrar paz no amor – Salmo 41. Enfrentar poderes que impedem o progresso e a paz – Salmo 75. Promover a paz entre as pessoas – Salmos 36, 45, 119, 121, 132, 143 e 147. Restabelecer a paz entre as pessoas – Salmo 81. Restabelecer a paz entre casais – Salmo 123. Ter paz na comunidade – Salmo 93. Trazer paz de espírito – Salmo 42. Viver em paz – Salmo 129.

Paz interior: aumentar a paz interior – Salmo 95. Obter paz interior – Salmo 11. Preservar a paz interior – Salmo 38. Ter paz de espírito – Salmo 20.

Pecado: lutar contra os pecados – Salmos 103 e 113.

Penitência: valorizar uma penitência – Salmos 6, 31, 37, 50, 101, 129 e 142.

Perda: enfrentar a perda de um ente querido – Salmo 40. Suportar a perda de pessoas queridas – Salmo 136.

Perda de memória: evitar perda de memória – Salmo 54.

Perdão: alcançar o perdão – Salmo 130. Perdoar erros cometidos por si ou por outrem – Salmos 16, 37, 50, 72, 94, 102, 117 e 118. Receber o perdão de Deus – Salmo 50.

Perigo: afastar pessoas perigosas – Salmo 53.

Perjúrio: combater o perjúrio – Salmo 62.

Perseguição: proteger pessoas perseguidas – Salmo 34. Proteger-se contra perseguições – Salmo 54. Prevenir-se contra perseguição feroz – Salmos 7, 36, 67, 70 e 142.

Perturbação: viver sem perturbações que afligem a alma – Salmo 76.

Perversidade: combater a perversão – Salmos 5, 30, 34, 52, 53, 54, 62, 100, 118, 124 e 128. Evitar perversidade – Salmo 139.

Pesadelos: evitar pesadelos – Salmo 90.

Pessoas: encontrar uma pessoa – Salmo 25. Conviver com pessoas difíceis – Salmo 80.

Peste: livrar-se da peste – Salmo 17.

Piedade: cultivar a piedade – Salmo 130.

Planeta: defender o planeta Terra – Salmo 95.

Pobres: dar ajuda aos pobres – Salmo 34.

Poder: enfrentar poderes que impedem o progresso e a paz – Salmo 75.

Política: auxiliar nas causas políticas – Salmo 60.

Popularidade: lidar com a popularidade – Salmo 51.

Povo: promover o respeito entre povos – Salmo 150.

Preguiça: vencer a preguiça – Salmos 5 e 68.

Preocupação: viver sem preocupações – Salmo 76. Livrar-se de preocupações sem fundamento – Salmo 142.

Prisioneiro: agir em favor de prisioneiro – Salmos 26, 67, 101 e 145. Consolar pessoas presas – Salmo 125.

Problema: combater problemas espirituais – Salmos 20, 29, 38, 41, 59, 68, 76, 89 e 118. Enfrentar problemas de saúde, no trabalho e no amor – Salmo 88. Combater problemas mentais – Salmo 72.

Processo judicial: acelerar processos judiciais – Salmo 36.

Profissão: alcançar objetivos profissionais – Salmo 90. Atrair sorte no campo profissional – Salmo 45. Ser reconhecido profissionalmente – Salmo 17.

Progresso: enfrentar poderes que impedem o progresso e a paz – Salmo 75.

Prosperidade: atrair prosperidade nos negócios – Salmo 120. Atrair prosperidade – Salmo 114. Ter prosperidade na vida – Salmo 37.

Proteção: atrair a proteção e a glória de Deus – Salmo 42. Implorar proteção – Salmo 7. Pedir proteção – Salmo 90. Pedir proteção contra inimigos – Salmo 24. Pedir proteção para animais – Salmo 134. Pedir proteção para tudo e todos – Salmo 91. Proteger a terra natal –

Salmos 32, 41, 43 e 61. Proteger-se – Salmo 35. Cercar-se da proteção Divina – Salmo 139. Receber a proteção Divina – Salmo 117.

Prova: encarar resultado de provas – Salmo 109.

Provações: enfrentar provações – Salmo 22. Receber auxílio em momentos de provação – Salmo 6. Suportar as provações da vida – Salmo 117.

Próximo: obter auxílio do próximo – Salmo 14.

Punição: punir pessoa má – Salmo 134.

Queda: evitar quedas perigosas – Salmo 147.

Raças: promover o amor entre raças – Salmo 150.

Radicalismo: acalmar corações de pessoas radicais – Salmo 83. Livrar a Humanidade do radicalismo – Salmo 82.

Raio: afastar queda de raios – Salmo 147.

Rebanho: aumentar ou proteger rebanhos – Salmo 67.

Respeito: promover o respeito entre os povos – Salmos 140 e 150. Ter o respeito da comunidade – Salmo 93.

Reumatismo: curar reumatismo – Salmos 15, 31 e 129.

Revelações: descobrir coisas ou assuntos secretos – Salmos 16, 31 e 129. Receber revelações – Salmo 8. Revelar um segredo – Salmo 31.

Rins: auxiliar tratamento de doenças dos rins – Salmo 72.

Riqueza: atrair riqueza – Salmo 104.

Ruína: evitar ou livrar-se da ruína e de seus perigos – Salmos 11 e 24.

Rumo: encontrar o rumo certo na vida – Salmo 85.

Sabedoria: alcançar a sabedoria – Salmo 77. Atingir a sabedoria – Salmo 89. Atrair sabedoria – Salmo 48. Encontrar a sabedoria – Salmo 51. Fortalecer a sabedoria – Salmo 50.

Salvação: alcançar a salvação da alma – Salmo 17.

Santos: contar com a ajuda dos santos – Salmo 98.

Saudade: diminuir saudade – Salmo 137.

Saúde: enfrentar problemas de saúde – Salmo 88. Preservar a saúde – Salmo 61.

Sede: enfrentar a sede – Salmo 106.

Segredo: descobrir segredo de vingança – Salmos 51 e 63.

Serpente: livrar-se do perigo de serpentes – Salmos 13 e 37.

Situação difícil: consolar pessoas em situação difícil – Salmo 125.

Sociedade: formar sociedade – Salmo 16.

Sofrimento: superar sofrimento – Salmo 40.

Solidão: aliviar a solidão – Salmo 10.

Sonho: evitar sonhos maus – Salmo 90. Louvar a realização de sonhos – Salmo 119. Possibilitar que invejosos concretizem seus sonhos – Salmo 135. Ter sonhos premonitórios – Salmo 8.

Sono: dormir tranquilamente – Salmo 74. Repousar – Salmo 131.

Sorte: atrair a sorte – Salmo 19. Atrair sorte no campo profissional – Salmo 45.

Sucesso: alcançar o sucesso – Salmo 117. Atingir o sucesso – Salmo 64. Atrair sucesso no trabalho – Salmo 104. Atrair sucesso nos negócios – Salmo 104. Conduzir ao sucesso – Salmo 85. Obter sucesso no trabalho – Salmo 89. Ter sucesso em concursos – Salmo 39.

Surdez: curar a surdez – Salmo 37.

Talento: usar o talento – Salmo 51.

Tarefa: auxiliar na realização de uma tarefa difícil – Salmo 68. Cumprir tarefas – Salmo 33.

Tempestade: afastar tempestades — Salmos 10, 17, 28, 49, 67, 76, 88, 106 e 147. Vencer uma tempestade — Salmo 103.

Tentação: livrar-se de tentação — Salmos 13 e 50. Proteger-se de tentações — Salmo 141.

Terra: fertilizar a terra — Salmo 62.

Tesouro: encontrar um tesouro perdido — Salmo 32.

Tirania: lutar e vencer tirania — Salmos 2, 57, 58, 75, 88 e 149.

Trabalho: atrair sucesso no trabalho — Salmo 104. Enfrentar problemas no trabalho — Salmo 88. Louvar vitória no trabalho — Salmo 119. Obter sucesso no trabalho — Salmo 89. Prosperar no trabalho — Salmo 67. Ser valorizado no trabalho — Salmo 79.

Trabalhos difíceis: realizar trabalhos difíceis — Salmo 3.

Tragédia: afastar tristezas decorrentes de tragédias — Salmo 59.

Traição: afastar traições — Salmo 129. Evitar traição — Salmos 21, 30, 34, 68 e 87. Perdoar traições — Salmo 40. Proteger contra traições — Salmo 26.

Traidores: livrar-se de traidores — Salmo 129.

Tranquilidade: ter tranquilidade na vida — Salmo 6. Trazer tranquilidade ao espírito — Salmo 20.

Tratamento: auxiliar tratamento de doenças dos membros e dos rins – Salmo 72. Ser bem sucedido em tratamento médico – Salmo 69.

Tristeza: afastar tristezas decorrentes de tragédias – Salmo 59. Combater a tristeza – Salmos 56 e 65. Enfrentar a tristeza – Salmo 74. Consolar pessoas tristes – Salmo 125. Defender-se de tristeza espiritual – Salmo 73. Evitar a tristeza – Salmo 52. Livrar-se de tristezas – Salmo 110. Lutar contra a tristeza – Salmo 142. Superar a tristeza – Salmo 122.

Trovoada: acalmar os trovões – Salmos 17, 28 e 76. Superar medo de trovoadas – Salmo 103.

Usura: combater usurários – Salmos 14, 54 e 71.

União dos povos: orar pela união dos povos – Salmo 134.

Vaidade: superar a vaidade em si ou em outrem – Salmos 11, 30, 93, 100 e 118.

Veículo: proteger veículo – Salmo 126.

Velhice: proporcionar uma velhice feliz – Salmos 29, 30, 77, 89, 91 e 127. Proteger os velhos e anciãos – Salmos 70 e 113.

Vendaval: enfrentar vendavais – Salmo 103.

Verdade: esclarecer verdades ocultas – Salmo 64.

Vestibular: encarar o vestibular – Salmo 39.

Viagem: propiciar viagens – Salmo 105. Proteger-se em viagens – Salmo 138.

Viciado: evitar envolvimento com viciados – Salmo 124.

Vício: ajudar as mães que têm filhos viciados – Salmo 101. Combater vícios em geral – Salmo 72.

Vida: agradecer a Deus pela vida – Salmo 134. Agradecer pela vida diária – Salmo 87. Alcançar um objetivo especial na vida – Salmo 1. Melhorar de vida – Salmo 106. Recomeçar a vida normal – Salmo 66. Ter êxito na vida – Salmo 19. Ter interesse pela vida – Salmo 65. Ter tranquilidade na vida – Salmo 6.

Vida afetiva: favorecer a vida afetiva – Salmo 90.

Vingança: afastar a vingança – Salmos 63 e 93.

Virgindade: preservar a virgindade – Salmos 11 e 123.

Virtude: atrair pessoa virtuosa – Salmo 127. Desenvolver virtudes – Salmo 113.

Visões: evitar visões de qualquer tipo – Salmos 21, 88 e 90.

Vitória: agradecer a Deus por uma vitória – Salmo 46. Comemorar vitórias alcançadas – Salmo 87. Expandir as vitórias – Salmo 96. Louvar vitória nas finanças, no amor e no trabalho – Salmo 119. Obter uma grande vitória – Salmo 30.

Viuvez: amparar viúvas – Salmos 34, 67 e 145.

Vocação: descobrir a verdadeira vocação – Salmo 77.

Vontade Divina: prevalecer a vontade Divina no mundo – Salmo 61.

ÁRVORE DA VIDA E O CAMINHO DOS ANJOS

Conta uma antiga lenda judaica que, mesmo antes da criação do Universo, todas as almas são guardadas sob o trono de Deus e ficam esperando o momento do nascimento. Ao ser concebida uma criança, Deus convoca um Anjo para acompanhar essa alma até o útero da mãe. A partir de então e em determinados períodos do dia, este Anjo vai ter com esta alma e, durante todo o período da gravidez, vai revelando a ela todos os mistérios e todos os conhecimentos do Universo, bem como o caminho de volta ao Criador.

No instante do nascimento, no entanto, esse Anjo toca a criança com sua asa e ela esquece tudo que aprendeu durante o período de gestação. A vida que ela tem pela frente é uma caminhada para resgatar os conhecimentos e os mistérios que lhe foram ensinados pelo Anjo e, ao mesmo tempo, um caminho de volta a Deus.

Como o caminho de ida foi feito com a alma sendo conduzida pelo Anjo, o caminho de volta apenas se fará com a ajuda do mesmo Anjo. O caminho de volta, portanto, passa pela necessidade da companhia de um Anjo certo, que vai guiar nossos passos no caminho de volta.

Durante alguns anos, período em que os Anjos foram modismo, dedicamo-nos amadoristicamente ao estudo do assunto e, ao mesmo tempo, de alguns conceitos sobre a Cabala, levados pela curiosidade e pela correlação entre Anjos e Salmos. Foi quando aprendemos um pouco sobre o instrumento chamado "Árvore da Vida", um gráfico com dez séfiras ou círculos visíveis. Segundo a Cabala não ortodoxa, cada círculo corresponde a uma etapa de nossa vida. Sua estrutura permite que seja associada ao nosso corpo, a nossa vida profissional, a um trabalho específico, enfim, a tudo que nos cerca, pois pode se constituir numa filosofia de vida. E filosoficamente falando, tudo que deveria ser dito já foi dito. As mudanças científicas e tecnológicas exigem apenas adaptações.

Há referências à Árvore da Vida na Torá, a Bíblia Judaica, e na própria Bíblia Sagrada. Basta lembrar o Gênese, onde ela é citada como "Árvore do Conhecimento do Bem e do Mal" (2:9). Sua prática tem objetivo de alcançar uma forma de viver mais natural, plena e feliz, uma vez que a infelicidade é decorrente da ignorância da virtude e da verdade.

A representação mais conhecida da Árvore da Vida é aquela criada em 1652, por Athanasius Kircher, publicada em seu livro *Oedipus Aegyptiacus*. A obra completa é constituída de três tomos, ornada com ilustrações e diagramas e foi editada em Roma, de 1652 a 1654. Em sua elaboração, Kircher pesquisou a astrologia caldeia, a Cabala judaica, os mitos gregos, a matemática de Pitágoras, a alquimia árabe, hieróglifos e deuses egípcios e a filosofia latina. Athanasius Kircher foi um estudioso alemão, jesuíta, que publicou cerca de quarenta obras nos campos dos estudos orientais, geologia e medicina. Realizou os primeiros estudos sobre hieróglifos e foi um dos primeiros estudiosos a observar micróbios com um microscópio, tendo sido comparado a Leonardo Da Vinci por sua inventividade, extensão e profundidade de seu trabalho.

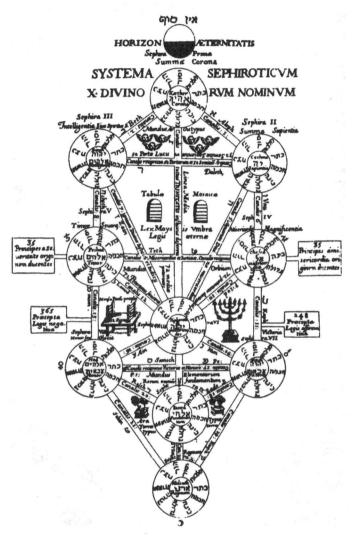

Figura 1.1: A Árvore da Vida, de Kircher.

Se simplificarmos o conteúdo do gráfico, temos uma visão mais nítida:

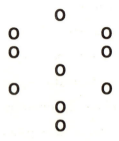

O conhecimento de todo o conteúdo da Árvore da Vida não é acessível a todos, pois exige longos anos de entendimento, além de conhecimentos profundos da numerologia, da Cabala, do hebraico e de seus caracteres. Muito se tem escrito a respeito do assunto, mas nem sempre abrangendo todo conhecimento necessário, o que dificulta qualquer leigo entender esse fascinante manancial de conhecimentos.

Como a Cabala surgiu a partir do estudo e da interpretação de uma linguagem própria da Bíblia, é natural que em todo o Livro Sagrado se encontrem coincidências numerológicas, levando a interessantes especulações, já que a apuração da verdade é tão difícil e complicada que desaconselha qualquer tentativa. Nada do que é deduzido, no entanto, aponta para um caminho que seja pernicioso ou perigoso. Foi por onde nos enveredamos para chegar a um novo conhecimento.

Todas as interpretações que se valem desses conhecimentos buscam descobrir novas mensagens do Criador, ocultas até então, visando dar ao homem instrumentos para buscar sua perfeição e, conforme uma lenda judaica, reencontrar o caminho de volta para Deus.

A Árvore da Vida é o mapa que pode conduzir o homem nesse caminho de volta, desde que ele assuma a real intenção de segui-lo. Esse mapa é o que chamamos de Caminho dos Anjos.

Primeiramente, o que há de comum entre os Salmos 8, 20, 28, 47, 52, 99, 113, 122, 137 e 149?

Caso alguém consulte sua Bíblia para responder, vai descobrir que todos esses Salmos têm nove versículos e que nove é a quantidade de Príncipes Angelicais, que são, pela ordem de importância por sua proximidade com o Criador: Metatron, Raziel, Tsaphkiel, Tsadkiel, Kamael, Raphael, Haniel, Mikael e Gabriel.

As coincidências começam a acontecer de forma bastante interessante a partir do conhecimento dessa sequência de Salmos. Somando-se os números dos Salmos, totalizamos 775. Somando-se os algarismos que compõem esse número (7 + 7 + 5) chega-se a 19, que novamente somados (1 + 9), será reduzido a 10, e, finalmente a 1 (1 + 0). O número 19 é a soma de 10 (número da primeira letra do nome de Deus) com 9, quantidade de Príncipes. Enquanto 10 é também o número de casas na Árvore da Vida. Um é o símbolo da unidade e do Deus único.

Outro aspecto observado nessa busca de mensagens na Bíblia e principalmente nos Salmos, que sempre se caracterizaram como o canal de ligação do homem com o Criador, é observar que há um Salmo que contém exatamente 72 versículos. É o Salmo 78 (*Escutai a minha lei, povo meu...*), que resume toda a história do povo judeu e sua relação com Javé. Esse Salmo pode ser dividido em nove partes, cada uma com oito versículos, totalizando nove que, coincidentemente, forma o número das nove falanges angelicais, governadas por nove Príncipes. Se tomarmos o Salmo 78 para análise, atribuindo cada oito versículos a um dos Príncipes Angelicais, partindo do mais distante para o mais próximo de Deus e comparando cada trecho ao Salmo do respectivo Anjo, podemos montar nosso gráfico da Árvore da Vida e retirar dele importantes ensinamentos, princípio básico dessa prática segundo a

Cabala. Setenta e dois é um número místico importante, pois segundo a lenda, 72 rabinos trabalharam durante 72 dias para traduzirem a Torá, na edição da Septuaginta.

A prática do Caminho dos Anjos leva a uma mudança de atitude que encontra correspondente na Cabala, com o nome de *techuvá*, que exige que o malfeitor deixe para trás os erros cometidos, expulsando-os de sua mente e tomando a firme decisão de jamais tornar a errar, arrepender-se, confessar-se e passar a viver segundo os ditames da Lei Sagrada. Para chegar a isso, é preciso todo um processo de meditação e autoanálise sincera que pode ser obtida nesse caminho.

Primeira casa – Anjo Gabriel

Salmo 8

Ó Senhor, Senhor nosso, quão admirável é o teu nome em toda a terra, pois puseste a tua glória sobre os céus. Da boca das crianças e dos que mamam tu suscitaste força, por causa dos teus adversários, para fazeres calar o inimigo e vingativo. Quando vejo os teus céus, obra dos teus dedos, a lua e as estrelas que preparaste; que é o homem mortal para que te lembres dele? E o filho do homem, para que o visites?

Contudo, pouco menor o fizeste do que os anjos e de glória e de honra o coroaste. Faze com que ele tenha domínio sobre as obras das tuas mãos; tudo puseste debaixo de seus pés; todas as ovelhas e bois, assim como os animais do campo. As aves dos céus e os peixes do mar, e tudo o que passa pelas veredas dos mares. Ó Senhor, Senhor nosso, quão admirável é o teu nome sobre toda a terra!

Salmo 78:1-8

Escutai a minha lei, povo meu; inclinai os vossos ouvidos às palavras da minha boca. Abrirei a minha boca numa parábola; proporei enigmas da antiguidade. Os quais temos ouvido e sabido e nossos pais no-los têm contado. Não os encobriremos aos seus filhos, mostrando à geração futura os louvores do Senhor, assim como a sua força e as maravilhas que fez. Porque Ele estabeleceu um testemunho em Jacó e pôs uma lei em Israel e ordenou aos nossos pais que a fizessem conhecer a seus filhos. Para que a geração vindoura a soubesse; os filhos que nascessem se levantassem e a contassem a seus filhos; para que pusessem em Deus a sua esperança e se não esquecessem das obras de Deus, mas guardassem os seus mandamentos. E não fossem como seus pais, geração contumaz e rebelde, geração que não regeu o seu coração e cujo espírito não foi fiel para com Deus.

O Entendimento

A mensagem é clara em relação ao futuro. O trecho do Salmo 78 pede que as gerações futuras saibam a respeito de Deus, porque a geração passada não foi fiel ao Senhor. O Salmo 8 menciona crianças, anjos e a lua, astro ligado ao Anjo Gabriel, que é o comandante da primeira falange mais próxima da Terra e mais distante de Deus. A ele cabe a tarefa de manter as gerações informadas sobre as obras de Deus e seus mandamentos.

Resumo: no futuro, que as gerações saibam de Deus e de suas obras.

Segunda casa – Anjo Mikael

Salmo 20

O Senhor te ouça no dia da angústia; o nome do Deus de Jacó te proteja. Envie-te socorro desde o seu santuário e te sustenha desde Sião. Lembre-se de todas as tuas ofertas e aceita os teus holocaustos. Conceda-te conforme ao teu coração e cumpra todo o teu desígnio. Nós nos alegraremos pela tua salvação e em nome do nosso Deus arvoraremos pendões; satisfaça o Senhor todas as tuas petições. Agora sei que o Senhor salva ao seu ungido; ele o ouvirá desde o seu santo céu, com a força salvadora da sua destra. Uns confiam em carros e outros em cavalos, mas nós faremos menção de nome do Senhor nosso Deus. Uns encurvam-se e caem, mas nós nos levantamos e estamos de pé. Salva-nos, Senhor, ouça-nos o Rei quando chamarmos.

Salmo 78:9-16

Os filhos de Efraim, armados e trazendo arcos, retrocederam no dia da peleja. Não guardaram o concerto de Deus e recusaram andar na sua lei. E esqueceram-se das suas obras e das maravilhas que lhes fizera ver. Maravilhas que ele fez à vista de seus pais na terra do Egito, no campo de Zoã. Dividiu o mar e os fez passar por ele; fez com que as águas parassem como num montão. De dia os guiou com uma nuvem e toda a noite com um clarão de fogo. Fendeu as penhas no deserto; e deu-lhes de beber como de grandes abismos. Fez sair fontes da rocha e fez correr as águas como rios.

O Entendimento

O trecho do Salmo 78 lembra o poder e as obras de Deus ao socorrer o povo judeu. O Salmo 8 afirma que o socorro só pode vir de Deus, fortalecendo uma mensagem de fé Naquele que deve ser honrado não apenas pelo que fez, mas pelo que fará sempre por seus filhos.

Resumo: o socorro vem de Deus, capaz de operar milagres para atender o seu povo.

Terceira casa – Anjo Haniel

Salmo 28

A ti clamarei, ó Senhor, rocha minha; não emudeças para comigo; não suceda, calando-te tu a meu respeito, que eu me torne semelhante aos que descem à cova. Ouve a voz das minhas súplicas, quando a ti clamar, quando levantar as minhas mãos para o oráculo do teu santuário. Não me arremesses com os ímpios e com os que praticam a iniquidade; que falam de paz ao seu próximo, mas têm o mal nos seus corações. Retribui-lhes segundo as suas obras e segundo a malícia dos seus esforços; dá-lhes conforme a obra das suas mãos; envia-lhes a sua recompensa. Porquanto não atentam para as obras do Senhor, nem para o que as suas mãos têm feito; pelo que ele os derribará e não os reedificará. Bendito seja o Senhor, porque ouviu a voz das minhas súplicas. O Senhor é a minha força e o meu escudo; nele confiou o meu coração e fui socorrido: pelo que meu coração salta de prazer e com o meu canto o louvarei. O Senhor é a força do seu povo; também é a força salvadora do seu ungido. Salva o teu povo e abençoa a tua herança; Apascenta-os e exalta-os para sempre.

Salmo 78:17-24

E ainda prosseguiram em pecar contra ele, provocando o Altíssimo na solidão. E tentaram a Deus nos seus corações, pedindo carne para satisfazerem o seu apetite. E falaram contra Deus e disseram: Poderá Deus porventura preparar--nos uma mesa no deserto? Eis que feriu a penha e águas correram dela; rebentaram ribeiros em abundância. Poderá também dar-nos pão ou preparar carne para o seu povo? Pelo que o Senhor os ouviu e se indignou e acendeu um fogo contra Jacó e furor também subiu contra Israel. Porquanto não creram em Deus, nem confiaram na sua salvação. Posto que tivesse mandado às altas nuvens e tivesse aberto as portas dos céus e fizesse chover sobre eles o maná para comerem e lhes tivesse dado do trigo do céu.

O Entendimento

O autor demonstra quão fácil era para Deus atender as necessidades materiais do povo de Israel, conforme o trecho do Salmo 78. No Salmo 28, no entanto, ele mostra que apesar de tudo, o mais importante são as necessidades espirituais, a fé e a confiança no Criador.

Resumo: as necessidades materiais Deus pode suprir. As necessidades espirituais dependem da fé de cada um.

Quarta casa – Anjo Raphael

Salmo 47

Aplaudi com as mãos, todos os povos; cantai a Deus com voz de triunfo. Porque o Senhor Altíssimo é tremendo e Rei grande sobre toda a terra. Ele nos submeterá os povos e porá as nações debaixo dos nossos pés. Escolherá para nós a nossa herança, a glória de Jacó, a quem amou. Deus subiu com júbilo, o Senhor subiu ao som da trombeta. Cantai louvores a Deus, cantai louvores. Cantai louvores ao nosso Rei, cantai louvores. Pois Deus é o Rei de toda a terra, cantai louvores com inteligência. Deus reina sobre as nações: Deus se assenta sobre o trono da sua santidade. Os príncipes dos povos se congregaram para serem o povo do Deus de Abraão; porque os escudos da terra são de Deus: ele está muito elevado!

Salmo 78:25-32

Cada um comeu o pão dos poderosos; ele lhes mandou comida com abundância. Fez soprar o vento do oriente nos céus e trouxe o sul com a sua força. E choveu sobre eles carne como pó e aves de asas como a areia do mar. E as fez cair no meio do seu arraial, ao redor de suas habitações. Então comeram e se fartaram bem; pois lhes satisfez o desejo. Não refrearam o seu apetite. Ainda lhes estava a comida na boca, quando a ira de Deus desceu sobre eles e matou os mais fortes deles e feriu os escolhidos de Israel. Com tudo isto ainda pecaram e não deram crédito às suas maravilhas.

O Entendimento

Mesmo Deus punindo os homens, eles não deixaram de demonstrar o quanto estavam apegados às necessidades materiais, conforme o trecho do Salmo 78. No Salmo 47, exalta-se a glória de Deus, mostrando todo o seu esplendor e como sua bondade e sua paciência deveriam ter sido reconhecidas.

Resumo: o apego à matéria é o maior empecilho para que o homem se aproxime do seu Criador.

Primeira observação

Na comparação do conteúdo dos quatro primeiros Salmos de nove versículos, bem como nos primeiros quatro conjuntos de oito versículos, fica bem evidente o apego do homem à matéria e a preocupação de fazer com que ele levante os olhos para o céu, para a glória de Deus. Apesar de tudo que fez, aquela geração não se emendava aos olhos de Deus, por isso Ele confiou que no futuro as novas gerações entendessem o significado de sua mensagem.

Observando a configuração do gráfico da Árvore da Vida, vemos que esses quatro Anjos ocupam as quatro primeiras casas e que todos eles têm ligação com o aspecto material da existência, pois a ponta inferior aponta para a terra, enquanto a superior para a Divindade.

Quando nos referimos a um caminho indicado pela Árvore da Vida, este caminho começa a se materializar em preciosos conhecimentos. O primeiro deles, representado por essa primeira etapa, é o de libertar-se das necessidades materiais, aprimorar-se espiritualmente e buscar, no alto da Árvore da Vida, o Criador. É para Ele que o caminho de volta deve conduzir e, para isso, é preciso contar com a ajuda de todos os Anjos, numa escala que se inicia com Gabriel e vai até Metatron, aquele que está mais próximo de Deus e que será o guia final dessa caminhada.

Atinge-se agora um ponto intermediário nessa caminhada, o que separa o material do espiritual. Vejamos como os Salmos se referem ao assunto.

Quinta casa – Anjo Kamael

Salmo 52

Por que te glorias na malícia, ó homem poderoso? Pois a bondade de Deus permanece continuamente. A tua língua intenta o mal, como uma navalha afiada traçando enganos. Tu amas mais o mal do que o bem e mais a mentira do que o falar conforme a retidão. Amas todas as palavras devoradoras, ó língua fraudulenta. Também Deus te destruirá para sempre; arrebatar-te-á e arrancar-te-á da terra dos viventes. E os justos o verão e temerão e se rirão dele: eis aqui o homem que não pôs a Deus por sua fortaleza; antes confiou na abundância das suas riquezas e se fortaleceu na sua maldade. Mas eu sou como a oliveira verde na casa de Deus; confio na misericórdia de Deus para sempre, eternamente. Para sempre te louvarei, porque tu isso fizeste e esperarei no teu nome, porque é bom diante de teus santos.

Salmo 78:33-40

Pelo que consumiu os seus dias na vaidade e os seus anos na angústia. Pondo-os ele à morte, então o procuravam; e voltavam e de madrugada buscavam a Deus. E lembravam-se de que Deus era a sua rocha e o Deus Altíssimo o seu

Redentor. Todavia lisonjeavam-se com a boca e com a língua lhe mentiam. Porque o seu coração não era reto para com ele nem foram fiéis ao seu concerto. Mas ele, que é misericordioso, perdoou a sua iniquidade e não os destruiu; antes, muitas vezes desviou deles a sua cólera e não deixou despertar toda a sua ira. Porque se lembrou de que eram carne, um vento que passa e não volta. Quantas vezes o provocaram no deserto e o ofenderam na solidão.

O Entendimento

Os dois textos coincidem, pois ambos se referem a assuntos não mais de ordem material, mas de ordem espiritual, refletindo a dualidade do ser humano, diante do bem e do mal. A malícia e o mal são lembrados no Salmo 52. É lembrada também a fragilidade do homem, cuja matéria é passageira, "carne, um vento que passa e não volta". É uma lição muito forte, pois em muitos momentos, mesmo diante dos erros do homem, Deus conteve sua cólera e revelou seu amor e sua crença na própria criação.

Resumo: a maior batalha do homem não é a sobrevivência; é sua eterna luta entre o bem e o mal.

Sexta casa – Anjo Tsadkiel

Salmo 99

O Senhor reina; tremam as nações; ele está entronizado entre querubins. Comova-se a terra. O Senhor é grande em Sião e mais elevado que todas as nações. Louvem o teu nome, grande e tremendo, pois é santo. E a força do Rei ama o juízo: tu firmas a equidade, fazes juízo e justiça em Jacó. Exaltai ao Senhor nosso Deus e prostrai-vos diante do escabelo de seus pés, porque ele é santo. Moisés e Aarão, entre os seus sacerdotes, e Samuel entre os que invocam o seu nome, clamavam ao Senhor e ele os ouvia. Na coluna de nuvem lhes falava: eles guardavam os seus testemunhos e os estatutos que lhes dera. Tu os escutastes, Senhor nosso Deus: tu foste um Deus que lhes perdoaste, posto que vingador dos seus feitos. Exaltai ao Senhor nosso Deus e adorai-o no seu santo monte, porque o Senhor nosso Deus é santo.

Salmo 78:41-48

Voltaram atrás e tentaram a Deus e duvidaram do Santo de Israel. Não se lembraram do poder da sua mão, nem do dia em que os livrou do adversário. Como operou os seus sinais no Egito e as suas maravilhas no campo de Zoã; e conver-

teu em sangue os seus rios e as suas correntes, para que não pudessem beber. E lhes mandou enxames de moscas que os consumiram e rãs que os destruíram. Deu também ao pulgão a sua novidade e o seu trabalho aos gafanhotos. Destruiu as suas vinhas com saraiva e os seus sicômoros com pedrisco. Também entregou o seu gado à saraiva e aos coriscos os seus rebanhos.

O Entendimento

Percebe-se agora que nos dois Salmos toda a atenção se focaliza no que o homem tem a perder, quando se afasta de Deus, que já manifestou o seu poder em inúmeras ocasiões.

Juízo e justiça são duas coisas que devem ser buscadas, não mais a simples satisfação material, pois aqueles aproximam o homem de Deus.

Aquele que tem juízo e defende a justiça, jamais provará a justiça de Deus, a mesma que submeteu os egípcios ao libertar o povo judeu do cativeiro.

Resumo: a lição é buscar o Juízo e a Justiça, para se desprender da matéria e começar a ascender espiritualmente, no caminho de volta ao Criador.

Sétima casa – Anjo Tsaphkiel

Salmo 113

Louvai ao Senhor. Louvai, servos do Senhor, louvai o nome do Senhor. Seja bendito o nome do Senhor desde agora para sempre. Desde o nascimento do sol até ao ocaso, seja louvado o nome do Senhor. Exaltado está o Senhor acima de todas as nações e a sua glória sobre os céus. Quem é como o Senhor nosso Deus, que habita nas alturas; que se curva para ver o que está nos céus e na terra; que do pó levanta o pequeno e do monturo ergue o necessitado, para o fazer assentar com os príncipes, sim, com os príncipes do seu povo; que faz com que a mulher estéril habite em família e seja alegre mãe de filhos? Louvai ao Senhor.

Salmo 78:49-56

E atirou para o meio deles, quais mensageiros de males, o ardor da sua ira, furor, indignação e angústia. Abriu caminho a sua ira; não poupou a alma deles à morte, nem a vida deles à pestilência. E feriu todo o primogênito no Egito, primícias da sua força nas tendas de Cão. Mas fez com que o seu povo saísse como ovelhas e os guiou pelo deserto como a um rebanho. E os guiou com segurança e não temeram; mas o mar cobriu os seus inimigos. E conduziu-os até ao limite do seu santuário, até este monte que a sua destra adquiriu. E expulsou as nações de diante deles e, dividindo suas terras, lhes deu por herança e fez habitar em suas tendas as tribos de Israel. Contudo, tentaram e provocaram o Deus Altíssimo e não guardaram os seus testemunhos.

O Entendimento

No Salmo 78, novamente o poder de Deus e seu infinito amor pelo seu povo é lembrado, bem como tudo que fez para libertá-lo do cativeiro. Da mesma forma, no Salmo 113, o poder de Deus é lembrado e exaltado, pois ele é capaz de enobrecer o mais pequenino de seus filhos, pondo-os junto de seus Príncipes, os Príncipes Angelicais.

Resumo: o enobrecimento e a ascensão espiritual estão em Deus, capaz de todas as coisas, inclusive de produzir a vida na esterilidade.

Oitava casa – Anjo Raziel

Salmo 122
Alegrei-me quando me disseram: vamos à casa do Senhor. Os nossos pés estão dentro das tuas portas, ó Jerusalém. Jerusalém

está edificada como uma cidade bem sólida. Onde sobem as tribos, as tribos do Senhor, como testemunho de Israel, para darem graças ao nome do Senhor. Pois ali estão os tronos do juízo, os tronos da casa de Davi. Orai pela paz de Jerusalém: prosperarão aqueles que te amam. Haja paz dentro de teus muros e prosperidade dentro dos teus palácios. Por causa da casa do Senhor, nosso Deus, buscarei o teu bem.

Salmo 78:57-64
Mas tornaram atrás e portaram-se aleivosamente como seus pais: viraram-se como um arco traiçoeiro. Pois lhes provocaram a ira com os seus altos e despertaram-lhe o zelo com as suas imagens de escultura. Deus ouviu isto e se indignou e sobremodo aborreceu a Israel. Pelo que desamparou o tabernáculo em Silo, a tenda que estabelecera como sua morada entre os homens. E deu a sua força ao cativeiro e a sua glória à mão do inimigo. E entregou o seu povo à espada e encolerizou-se contra a sua herança. Aos seus mancebos consumiu-os o fogo e as suas donzelas não tiveram festa nupcial. Os seus sacerdotes caíram à espada e suas viúvas não se lamentaram.

O Entendimento

No Salmo 122, vemos a exaltação dos crentes, a glorificação do povo de Deus e seu zelo. No Salmo 78, vemos como Deus, em sua justiça, pode ser terrível, virando as costas àqueles que lhe viram as costas. A mensagem é forte para as gerações futuras, mas não é uma mensagem de preocupação e sim de alerta. Amem e respeitem o seu Deus e tudo lhes será concedido. Façam como o povo de Israel e nem suas viúvas chorarão por eles.

Resumo: os tronos de Deus esperam os justos e os fiéis para honrá-los.

Nona casa – Anjo Metatron

Salmo 137

Junto aos rios de Babilônia nos assentamos e choramos, lembrando-nos de Sião. Nos salgueiros, que há no meio dela, penduramos as nossas harpas. Porquanto aqueles que nos levaram cativos, nos pediram uma canção; e os que nos destruíram que os alegrássemos, dizendo: cantai-nos um dos cânticos de Sião. Mas como entoaremos o cântico do Senhor em terra estranha? Se eu me esquecer de ti, ó Jerusalém esqueça-se a minha destra de sua destreza. Apegue-se-me a língua ao paladar, se me não lembrar de ti, se não preferir Jerusalém à minha maior alegria. Lembra-te, Senhor, dos filhos de Edom no dia de Jerusalém, porque diziam: arrasai-a, arrasai-a até aos seus alicerces. Ah, filha de Babilônia, que vais ser assolada! Feliz aquele que te retribuir consoante nos fizeste a nós. Feliz aquele que pegar em teus filhos e der com eles nas pedras.

Salmo 78:65-72

Então o Senhor despertou como dum sono, como um valente que o vinho excitasse. E feriu os seus adversários, que fugiram, e os pôs em perpétuo desprezo. Além disso, rejeitou a tenda de José e não elegeu a tribo de Efraim. Antes elegeu a tribo de Judá; o monte de Sião, que ele amava. E edificou o seu santuário como aos lugares elevados, como a terra que fundou para sempre. Também elegeu a Davi, seu servo, e o tirou dos apriscos das ovelhas. De após as ovelhas pejadas o trouxe para apascentar a Jacó, seu povo, e a Israel, sua herança. Assim os apascentou, segundo a integridade do seu coração e os guiou com a perícia de suas mãos.

O Entendimento

No Salmo 137, vemos o arrependimento, finalmente, dado como um testemunho do povo eleito, sendo levado para o cativeiro, por força de suas ofensas ao Senhor, que o abandonou.

No Salmo 78, Deus demonstra a sua força, salvando-o, mas escolhendo no meio deles aqueles que deveriam ser enobrecidos aos seus olhos.

Resumo: o arrependimento é o caminho da salvação, pois Deus elegerá os justos e os levará a ver a Sua face.

Segunda observação

O que temos registrado nesses Salmos, até agora, é um caminho, o caminho seguido pelo povo de Israel, desde suas ofensas ao Senhor pelo apego às coisas materiais, até o arrependimento salvador, que tornou dignos diante dos olhos de Deus aqueles que souberam preservar sua fé e manter sua fidelidade aos ensinamentos e determinações do Criador.

O menor deles, que apascentava ovelhas, foi eleito rei, mostrando como aos olhos do Senhor o pequeno será exaltado e se sentará entre os príncipes e terá acesso ao trono.

Se observarmos o gráfico da Árvore da Vida, podemos entender algumas configurações bastante interessantes, iniciando por aquelas que encerram o apego à matéria e aos cultos dos falsos deuses.

O O
　O
　O

Partindo da casa base, guiada pelo Anjo Gabriel, sobe-se até a casa do Anjo Mikael, avança-se para a direita até a casa do Anjo Haniel, depois para a esquerda, até o Anjo Raphael. Nesse caminho ou peregrinação, estamos tomando consciência de nossas falhas e faltas, porque somos seres imperfeitos, feitos de matéria e apegados a ela. A companhia e os ensinamentos desses Anjos vão nos auxiliar a deixarmos para trás esse apego. Para isso, basta meditar no conteúdo dos Salmos de cada uma destas casas, que são um alerta às gerações futuras, para que não cometam os mesmos erros de seus antepassados, isto é, não se deixarem guiar pelo materialismo e pela falta de fé.

Em nosso caminho de volta a Deus, deixamos agora a casa do Anjo Raphael e vamos para uma casa intermediária, a casa de preparação para a liberação definitiva dos laços com a matéria e também para que possamos concentrar nossos pensamentos nas coisas do espírito.

Em seguida avança-se para a casa da direita, do Anjo Tsadkiel, que lembra a necessidade de se reconhecer e cultuar a justiça, pois ela é a base das relações de Deus com os seus eleitos.

Desviando-nos para a esquerda, até a casa do Anjo Tsaphkiel, onde é demonstrado que mesmo o menor dos servos de Deus será exaltado, se souber reconhecer e cultuar o nome de Deus.

Nessa altura do caminho não se avança, mas se retorna de novo à casa do Anjo Kamael, onde se prova o desapego à matéria e se pode ascender à direita, em direção a casa do Anjo Raziel, onde justos e fiéis são honrados e por onde não passam os que não souberam reconhecer o amor e a justiça de Deus.

Pode-se perceber que estamos no topo da Árvore da Vida e que à esquerda se localiza a casa do Anjo Metatron, o último antes de se chegar, finalmente, ao final da viagem.

O
O O

Na penúltima casa da Árvore da Vida, encontramo-nos com o Anjo Metatron, diante do qual nos apresentaremos despidos de qualquer vaidade e sinceramente arrependidos. Ele nos levará à última casa, a casa do Pai, o local de onde saímos, no princípio de nossa gestação, para descermos a Terra, base da Árvore da Vida e refazermos então, o caminho de volta, desprendendo-nos dos prazeres e das tentações oferecidas pela matéria, buscando a elevação do espírito e a volta ao carinho e à proteção do Criador. Assim chegaremos à última casa, a casa de Deus.

Décima casa – A casa de Deus

Salmo 149

Louvai ao Senhor. Cantai ao Senhor um cântico novo e o seu louvor na congregação dos santos. Alegre-se, Israel naquele que o fez, regozijem-se os filhos de Sião no seu Rei. Louvem o seu nome com flautas, cantem-lhe o seu louvor com adufe e harpa. Porque o Senhor se agrada do seu povo; ele adornará os mansos com a salvação. Exultem os santos na glória, cantem de alegria nos seus leitos. Estejam na sua garganta os altos louvores de Deus e espada de dois fios nas suas mãos. Para tomarem vingança das nações e darem repreensões aos povos; para prenderem os seus reis com cadeiras e os seus nobres com grilhões de ferro; para fazerem neles o juízo escrito; esta honra tê-la--ão todos os santos. Louvai ao Senhor.

O Entendimento

Ele adornará os mansos com a salvação, tomará vingança das nações e dará repreensões aos povos. A mensagem às gerações futuras se completa. Quem fizer o caminho de volta ao Senhor, será adornado. Quem não o fizer, conhecerá a justiça de Deus. Nesse caminho de volta, os Anjos são o instrumento que guiarão cada um de nós de volta, desde que aceitemos nos desprender da matéria a que fomos confinados.

CAMINHANDO COM OS ANJOS

São muitos os caminhos da Árvore da Vida. Partindo da casa inicial, podemos ascender à segunda casa, dali à quinta casa e desta, direto para a casa de Deus. Na quinta casa temos o Anjo Kamael, que confere a espiritualidade. Se aprovado, sobe-se direto para a casa de Deus. Caso contrário, desvia-se para a casa do Anjo Raziel ou para a casa do Anjo Metatron, que darão as últimas orientações e serão os guias finais.

Para se beneficiar desse conhecimento, é preciso fé e determinação para cumprir diariamente um pequeno ritual. O Salmo 149 é o último do Caminho dos Anjos e nos dá uma preciosa indicação, de modo simples, mostrando como devemos nos valer desse conhecimento.

Somando-se os algarismos desse número, temos: $1 + 4 + 9 = 14 = 1 + 4 = 5$

Vejamos se o Salmo 5 tem alguma coisa a nos dizer:

Salmo 5:1-4

Dá ouvidos às minhas palavras, ó Senhor; atende à minha meditação. Atende à voz do meu clamor, Rei meu e Deus meu, pois a ti orarei. Pela manhã ouvirás a minha voz, ó Senhor; pela manhã me apresentarei a ti e vigiarei. Porque tu não és um Deus que tenha prazer na iniquidade, nem contigo habitará o mal.

É muito significativo o conteúdo desses primeiros quatro versículos, pois nos dá a forma de orarmos e até o horário para prática. É preciso vigiar e isso significa um trabalho cotidiano, dia após dia, pois não há outra forma de se chegar ao Criador, senão pela fé e pela perseverança. O apego à matéria é realmente forte e o desprendimento se processará somente com a prática constante da meditação e da oração.

Não fica, portanto, difícil estabelecer o ritual para orar por meio do Caminho dos Anjos. Inicialmente, uma saudação ao Senhor, depois, pela ordem, a leitura e a meditação dos Salmos, na ordem em que foram apresentados anteriormente. O que ali foi apresentado como entendimento é apenas uma pálida interpretação da mensagem profunda que existe em cada um dos versículos a serem lidos e que, com a constante meditação, irão ganhando sentido e clareza para cada um.

Lembremo-nos que todo o conhecimento nos foi transmitido pelo nosso Anjo, antes do nosso nascimento. Na meditação do Caminho dos Anjos iremos resgatando estes conhecimentos esquecidos, reavivados por nossa firme intenção de busca à espiritualidade e ao caminho de volta ao Pai.

Não esperemos facilidades. Não esperemos que se libertar da matéria seja algo fácil de ser feito. A mensagem do Caminho dos Anjos não estipula datas, mas nós, que somos as gerações futuras do povo de Israel, devemos ter pressa. Precisamos ter pressa. Não sabemos qual é o prazo de que dispomos.

A prática do caminho dos anjos
    Horário: pela manhã, antes do nascer do sol.
    Saudação ao Senhor – Salmo 5:1-4
    Primeira casa – Salmo 8 e 78:1-8
    Segunda casa – Salmo 20 e 78:9-16
    Terceira casa – Salmo 28 e 78:17-24
    Quarta casa – Salmo 47 e 78:25-32
    Quinta casa – Salmo 52 e 78:33-40
    Sexta casa – Salmo 99 e 78:41-48
    Sétima casa – Salmo 113 e 78:49-56
    Oitava casa – Salmo 122 e 78:57-64
    Nona casa – Salmo 137 e 78:65-72
    Décima casa – Salmo 149.

Terceira observação
    Robert Anton Wilson escreve em seu livro *A Ascensão de Prometeus* (Prometheus Rising), uma frase bem interessante: *Tudo o que o pensador pensa, o provador prova.* O pensador pode pensar virtualmente sobre tudo. O provador prova, não importa o quão disparatado possa

ser a teoria levantada. Há, no entanto, tantas evidências numerológicas na Bíblia, permitindo as mais diversas teorias e interpretações, que o Caminho dos Anjos pode ser mais uma delas, mas não se pode dizer, conforme afirmamos no início do capítulo, que se trata de alguma coisa que seja perniciosa ou perigosa, mas que conduza a uma prática que, em última instância, trará paz, harmonia, conhecimento e, consequentemente, sabedoria.

CABALA, SALMOS E ANJOS

O povo judeu, ao longo de sua existência, sofreu contínuas perseguições e exílios. Desde o período bíblico, com os cativeiros no Egito e na Babilônia, sua execução em massa na Alemanha nazista, a expulsão da Espanha e da Inglaterra, entre tantos outros acontecimentos, ainda assim sempre se mantiveram unidos como um povo, mantendo intactas sua cultura e sua língua. Para isso, valem-se da Cabala, que condensa seus ensinamentos religiosos e, ao mesmo tempo, os protege da extinção, pois é tão complexa e de difícil interpretação que poucos a ela têm acesso.

A palavra Cabala vem da raiz hebraica KBL, que significa receber, e, segundo consta, surgiu no primeiro século depois de Cristo. Seus livros mais importantes são o Zohar, ou Livro do Esplendor, o Livro da Criação e o Livro da Imagem. A correta interpretação desses textos revelaria o mapa a ser trilhado pelas almas para percorrer o caminho de volta ao Criador, conforme descrito no capítulo anterior. Por meio da numerologia e usando-se somente os algarismos de 1 a 9, muitas revelações vão surgindo aos olhos do iniciado e dos poucos que têm o privilégio de compreender suas mensagens ocultas.

De qualquer forma, preciosas informações já foram assimiladas pelos estudiosos do assunto, fornecendo regras para o seu entendimento, ainda que precário, sobre a relação dos homens com o Altíssimo. Os Salmos foram o instrumento de comunicação entre Criador e criatura e os Anjos foram os portadores.

Os Anjos, no total de 72, foram divididos em falanges, chefiadas por um Príncipe, e nomeados um a um. Para se chegar a essa quantidade e aos nomes dos Príncipes e dos Anjos de cada uma das falanges, os cabalistas partiram de um número inicial, o 72, que nada mais é que o resultado da inscrição do nome de Deus, Ieve ou Jehovah, dentro de um triângulo considerado sagrado e chamado de Tetragramaton, com a seguinte configuração:

I
I E
I E V
I E V E

Nesse triângulo, o I equivale a 10, pois corresponde a YOD, décimo caractere do alfabeto hebraico, que simboliza tempo, espaço, ciclos de existência, tudo que nasce, cresce, se reproduz e desaparece. O E equivale a HE, o 5, significando a dualidade do ser diante da natureza e do universo. O V corresponde a VAU, equivalente a 6, simbolizando a presença do espírito. Aplicando isso às letras do Tetragramaton, temos:

10
10 + 5
10 + 5 + 6
10 + 5 + 6 + 5

Efetuando-se essa soma, obtém-se 72, que foi a base inicial para a descoberta dos nomes dos Anjos. Esse número, já citado anteriormente, aparece também em outras passagens bíblicas. O número 72 também aparece como sendo a quantidade de nações e línguas que se originaram da intervenção de Deus na Torre de Babel. Em todas essas línguas, o nome de Deus sempre foi escrito com quatro letras. Eram 72 os anciãos das sinagogas e também é 72 o número de quinários, graus ou dias, do ano cabalístico, que se inicia em 20 de março, no signo de Áries.

A partir desse número, os cabalistas descobriram que os versículos 19, 20 e 21 do capítulo 14 do Êxodo tinham, cada um deles, 72 caracteres hebraicos. Na tradução de João Ferreira de Almeida, são esses os versículos citados:

E o anjo de Deus, que ia diante do exército de Israel, se retirou e ia atrás deles; também a coluna de nuvem se retirou de diante deles e se pôs atrás deles. (14:19).

E ia entre o campo dos egípcios e o campo de Israel; e a nuvem era escuridade para aqueles e para estes esclarecia a noite; de maneira que em toda a noite não chegou um ao outro. (14:20).

Então Moisés estendeu a sua mão sobre o mar e o Senhor fez retirar o mar por um forte vento oriental toda aquela noite; e o mar tornou-se seco e as águas foram partidas. (14:21).

Para chegar aos nomes, os versículos foram dispostos paralelamente e os primeiros caracteres da esquerda dos versículos 19 e 21 foram ligados à primeira letra da direita do versículo 20. Aos três caracteres resultantes foram acrescentados a terminação HE ou VAU, extraídas do sagrado nome de Deus. Feito isso, o processo foi repetido com os segundos caracteres, até completar todos os 72.

Reduzindo-se numerológica e cabalisticamente o número 72, temos 7+2=9. Nove foram as falanges, cada qual com oito Anjos, mais um Príncipe comandante, assim como nove eram os planetas do ano cabalístico. Desse conhecimento surgiram os nomes dos Príncipes, totalizando, juntamente com os Anjos, 81 mensageiros, cuja redução numerológica e cabalística também resulta em nove, como toda a hierarquia angelical.

ANJOS MENSAGEIROS

A denominação de Anjos Mensageiros acabou se impondo pelo uso e permanecendo, pois o significado de Anjo é mensageiro ou enviado. A palavra vem do latim, *angelus*, do grego *ángelos*, traduzindo o termo hebraico *mal'ak*.

Quando nos referimos a um Anjo, não estamos tratando de um mensageiro comum e isso fica bem evidente na tradução latina da Bíblia, chamada de *Vulgata*. Quando se refere a um mensageiro comum, é usado o termo *nuntios*. Quando se refere a um mensageiro celeste, o termo empregado é *angelus*.

Fica claro, portanto, a natureza celestial e o papel que desempenham, intermediando a relação entre Criador e os homens. Vale observar que, em diversas outras culturas e sistemas religiosos, há menções a esses seres espirituais chamados por nós de Anjos.

Seu trabalho é incansável. A cada momento, marcam sua presença na Terra, prestando ajuda, socorrendo, levando e trazendo mensagens Divinas, num vaivém que nossos olhos e ouvidos não captam, a menos que estejamos em perfeita sintonia com eles.

As referências aos Anjos, na Bíblia, surgem 108 vezes no Velho Testamento e 165, no Novo, sendo que dessas, um total de 72 aparecem no Apocalipse. O fato mais importante a ressaltar é que no Novo Testamento, além de citações pelo próprio Jesus Cristo, os Anjos aparecem servindo-o, como após sua tentação pelo diabo, na passagem do deserto, conforme Mateus 4:11.

Além dessa passagem, outra intervenção direta é na ressurreição de Jesus, como a da pedra que fechava o sepulcro, quando um Anjo desceu do céu, removendo-a, conforme revelado em Mateus 28:2.

Os outros evangelistas citam igualmente à participação dos Anjos durante o ministério de Cristo, como Lucas 1:11, Marcos 1:13 e João 1:51, além de surgirem também nas cartas dos apóstolos e nas revelações do Apocalipse, em que são mencionados já no início do texto.

Durante séculos, estudiosos se debruçaram sobre as Sagradas Escrituras, buscando estabelecer a correta relação dos Anjos com Deus e seu papel em relação à Humanidade, como Eusébio de Cesareia, Atanásio, Basílio Magno, Ambrósio de Milão, Jerônimo, João Crisóstomo, Cirilo de Jerusalém, Cirilo de Alexandria, Agostinho e Dionísio. Este inclusive, que realizou seus estudos por volta do início do século VI, foi quem estabeleceu a divisão dos Anjos em três classes, ou ordens, subdivididas, que por sua vez, também os dividiu em outros três níveis.

Essa divisão é aceita até hoje e se caracteriza por determinar a posição de cada Anjo em relação a Deus e aos homens. A primeira ordem está mais próxima de Deus e mais distante dos homens. A segunda é uma ordem intermediária dentre estas três, já que a terceira está mais próxima dos homens e mais afastada de Deus, mas não menos qualificada para intermediar as relações entre esses dois planos: o Divino e o humano.

Segundo Dionísio, e até hoje aceita, esta é a hierarquia dos Anjos:

Primeira Ordem:

Primeiro Coro – Serafins: Príncipe Metatron;

Segundo Coro – Querubins: Príncipe Raziel;

Terceiro Coro – Tronos: Príncipe Tsaphkiel.

Segunda Ordem:

Dominações ou Soberanias – Príncipe Tsadkiel;

Potências ou Potestades – Príncipe Kamael;

Virtudes – Príncipe Raphael.

Terceira Ordem:

Principados ou Autoridades – Príncipe Haniel;

Arcanjos – Príncipe Mikael;

Anjos – Príncipe Gabriel.

Ao longo de todos esses séculos, estudos sérios foram realizados, buscando compreender a natureza dos Anjos e seu papel na hierarquia celeste, mas, por fim, esgotados em si mesmos, os pesquisadores, sem chegar a conclusões definitivas, passaram a se dedicar a assuntos menores, como, por exemplo, tentar descobrir o sexo dos Anjos ou calcular quantos deles poderiam caber na ponta de uma agulha.

Isso fez com que o assunto perdesse a seriedade merecida e os Anjos ficassem relegados a um segundo plano nas preocupações dos homens. Até ressurgirem, nos últimos tempos, como grandes mediadores das relações entre Deus no céu e seus filhos aqui na Terra, trazendo de volta, inclusive, as antigas e poderosas práticas populares, disseminadas a partir de Santo Arsênio da Capadócia.

Na Bíblia podemos ver como esses Mensageiros de Deus eram mandados à Terra, marcando sua presença com feitos magníficos, dentre os quais se ressalta o da Anunciação, missão sublime atribuída a um Anjo para informar a Maria sobre a vinda do Salvador do Mundo, por meio dela.

Em outras passagens, os Anjos são mandados para proteger aqueles escolhidos do Senhor, alertando-os para que se salvem, como no caso de Sodoma e Gomorra (Gn 19:1), quando são mandados para ajudar Lot e sua família. No Êxodo, vemos o Anjo acompanhando os judeus, em sua fuga do Egito, a mando do Senhor, base inclusive de todas as descobertas a respeito desses seres resplandecentes.

Uma das mais fortes teorias a respeito dos Anjos defende que eles foram criados numa determinada quantidade e que esse número não aumentou mais. Isso significa que, ao longo de todos esses séculos, os Anjos convivem com a Humanidade e, por isso, conhecem os homens melhor do que eles próprios.

Refletindo sobre essas informações, fica fácil deduzir que o papel dos Anjos é auxiliar a Humanidade em seus momentos de perigo ou de tribulação, daí sua estreita ligação com os Salmos. Podemos acrescentar ainda que, em virtude de serem tão ou mais antigos que o próprio homem, possuem o conhecimento e a sabedoria necessários para guiar, amparar e ajudar da melhor maneira, pois têm feito isso século após século, por determinação do Criador.

Deduz-se, portanto, que Deus, em Sua bondade e em Sua sabedoria, colocou à disposição do homem seres perfeitos, da mais alta recomendação, para atender e dar o socorro imediato, tanto nos assuntos corriqueiros como nos mais importantes. O deslumbramento e o materialismo desenfreado, que veio à tona principalmente a partir da metade do século passado, época das maravilhosas descobertas que encheram os olhos do homem, desviaram sua atenção de assuntos mais elevados, como o seu relacionamento com o Criador.

Passado esse deslumbramento, o materialismo vai aos poucos perdendo terreno, na necessidade manifesta das pessoas de encontrar uma justificativa maior para suas vidas, do que serem apenas escravos do consumo e da comodidade. É o Caminho dos Anjos, a volta ao Criador.

Para realizar essa volta ao Criador, a Humanidade se encontra constrangida e sem saber como fazer o caminho do Filho Pródigo. É nesse aspecto que o papel dos Anjos assume uma importância capital, pois será por meio deles que essa volta a Deus se processará. O caminho parece simples e sem dificuldades.

Aos Príncipes, se pode recorrer em qualquer aflição. É importante ter em mente o real significado da palavra *aflição*, que é um problema grave e imediato, cuja solução precisa acontecer no mesmo ou no próximo instante. É um caso de urgência realmente, como uma ameaça repentina ou um risco de vida. Nesses momentos, o apelo a um Anjo é a melhor resposta. Basta uma simples súplica: *Anjo (citar o nome), valei-me agora, neste momento de aflição!*

Não é preciso acrescentar mais nada, pois ele saberá qual é a aflição. Com um mínimo de esforço e concentração você conseguirá decorar o seguinte quadro, correspondente aos Príncipes que chefiam cada uma das falanges, e os horários em que se encontram em vigília:

1. Metatron: de 24:00 às 02:40 horas.
2. Raziel: de 02:40 às 05:20 horas.
3. Tsaphkiel: de 05:20 às 08:00 horas.
4. Tsadkiel: de 08:00 às 10:40 horas.
5. Kamael de 10:40 às 13:20 horas.
6. Raphael: de 13:20 às 16:00 horas.
7. Haniel: de 16:00 às 18:40 horas.
8. Mikael: de 18:40 às 21:20 horas.
9. Gabriel: de 21:20 às 24:00 horas.

A PODEROSA NOVENA DOS SALMOS

O Salmo 78 é um dos mais fortes do Livro, sendo constituído significativa e cabalisticamente de 72 versículos. Uma das formas de se utilizar seu poder é por meio de uma poderosa novena, diante de uma grande aflição ou num momento de extrema gratidão, por uma graça alcançada.

Durante nove dias, cada um de seus trechos deve ser orado nove vezes e, no último dia, deve ser rezado por inteiro. Não se exige um ritual, mas torna-se mais poderoso se for entoado na hora do Anjo Metatron, invocando-o e pedindo sua intercessão. O ritual é assim distribuído:

recolhe-se a um local isolado e silencioso, invoca-se ou não o Príncipe Metatron e em seguida menciona-se a aflição ou a graça. Em seguida, ora-se por nove vezes os versículos daquele dia.

PRIMEIRO DIA

Versículos 1 a 9:
Escutai o meu ensino, povo meu; inclinai os vossos ouvidos às palavras da minha boca. Abrirei a minha boca numa parábola; proporei enigmas da antiguidade, coisas que temos ouvido e sabido, e que nossos pais nos têm contado. Não os encobriremos aos seus filhos, cantaremos às gerações vindouras os louvores do Senhor, assim como a sua força e as maravilhas que tem feito. Porque ele estabeleceu um testemunho em Jacó, e instituiu uma lei em Israel, as quais coisas ordenou aos nossos pais que as ensinassem a seus filhos; para que as soubesse a geração vindoura, os filhos que houvesse de nascer, os quais se levantassem e as contassem a seus filhos, a fim de que pusessem em Deus a sua esperança, e não se esquecessem das obras de Deus, mas guardassem os seus mandamentos; e que não fossem como seus pais, geração contumaz

e rebelde, geração de coração instável, cujo espírito não foi fiel para com Deus. Os filhos de Efraim, armados de arcos, retrocederam no dia da peleja.

SEGUNDO DIA

Versículos 10 a 18:

(Os filhos de Efraim) Não guardaram o pacto de Deus, e recusaram andar na sua lei; esqueceram-se das suas obras e das maravilhas que lhes fizera ver. Maravilhas fez ele à vista de seus pais na terra do Egito, no campo de Zoá. Dividiu o mar, e os fez passar por ele; fez com que as águas parassem como um montão. Também os guiou de dia por uma nuvem, e a noite toda por um clarão de fogo. Fendeu rochas no deserto, e deu-lhes de beber abundantemente como de grandes abismos. Da penha fez sair fontes, e fez correr águas como rios. Todavia ainda prosseguiram em pecar contra ele, rebelando-se contra o Altíssimo no deserto. E tentaram a Deus nos seus corações, pedindo comida segundo o seu apetite.

TERCEIRO DIA

Versículos 19 a 27:
(Os filhos de Efraim) Também falaram contra Deus, dizendo: poderá Deus porventura preparar uma mesa no deserto? Acaso fornecerá carne para o seu povo? Pelo que o Senhor, quando os ouviu, se indignou; e acendeu um fogo contra Jacó, e a sua ira subiu contra Israel; porque não creram em Deus nem confiaram na sua salvação. Contudo ele ordenou às nuvens lá em cima, e abriu as portas dos céus; fez chover sobre eles maná para comerem, e deu-lhes do trigo dos céus. Cada um comeu o pão dos poderosos; ele lhes mandou comida em abundância. Fez soprar nos céus o vento do oriente, e pelo seu poder trouxe o vento sul. Sobre eles fez também chover carne como poeira, e aves de asas como a areia do mar.

QUARTO DIA

Versículos 28 a 36:
E as fez cair (carne e aves de asas) no meio do arraial deles, ao redor de suas habitações. Então comeram e se fartaram bem, pois ele lhes trouxe o que cobiçavam. Não refrearam a sua cobiça. Ainda lhes estava a comida na

boca, quando a ira de Deus se levantou contra eles, e matou os mais fortes deles, e prostrou os escolhidos de Israel. Com tudo isso ainda pecaram, e não creram nas suas maravilhas. Pelo que consumiu os seus dias como um sopro, e os seus anos em repentino terror. Quando ele os fazia morrer, então o procuravam; arrependiam-se, e de madrugada buscavam a Deus. Lembravam-se de que Deus era a sua rocha, e o Deus Altíssimo, o seu Redentor. Todavia lisonjeavam-no com a boca, e com a língua lhe mentiam.

QUINTO DIA

Versículos 37 a 45:
Pois o coração deles não era constante para com ele, nem foram eles fiéis ao seu pacto. Mas ele, sendo compassivo, perdoou a sua iniquidade, e não os destruiu; antes muitas vezes desviou deles a sua cólera, e não acendeu todo o seu furor. Porque se lembrou de que eram carne, um vento que passa e não volta. Quantas vezes se rebelaram contra ele no deserto, e o ofenderam no ermo! Voltaram atrás, e tentaram a Deus; e provocaram o Santo de Israel. Não se lembraram do seu poder, nem do dia em que os remiu do adversário, nem

de como operou os seus sinais no Egito, e as suas maravilhas no campo de Zoã, convertendo em sangue os seus rios, para que não pudessem beber das suas correntes. Também lhes mandou enxames de moscas que os consumiram, e rãs que os destruíram.

SEXTO DIA

Versículos 46 a 54:
Entregou às lagartas as novidades deles, e o fruto do seu trabalho aos gafanhotos. Destruiu as suas vinhas com saraiva, e os seus sicômoros com chuva de pedra. Também entregou à saraiva o gado deles, e aos coriscos os seus rebanhos. E atirou sobre eles o ardor da sua ira, o furor, a indignação, e a angústia, qual companhia de anjos destruidores. Deu livre curso à sua ira; não os poupou da morte, mas entregou a vida deles à pestilência. Feriu todo primogênito no Egito, primícias da força deles nas tendas de Cão. Mas fez sair o seu povo como ovelhas, e os guiou pelo deserto como a um rebanho. Guiou-os com segurança, de sorte que eles não temeram; mas aos seus inimigos, o mar os submergiu. Sim, conduziu-os até a sua fronteira santa, até o monte que a sua destra adquirira.

SÉTIMO DIA

Versículos 55 a 63:
Expulsou as nações de diante deles; e dividindo suas terras por herança, fez habitar em suas tendas as tribos de Israel. Contudo tentaram e provocaram o Deus Altíssimo, e não guardaram os seus testemunhos. Mas tornaram atrás, e portaram-se aleivosamente como seus pais; desviaram-se como um arco traiçoeiro. Pois o provocaram à ira com os seus altos, e o incitaram a zelos com as suas imagens esculpidas. Ao ouvir isso, Deus se indignou, e sobremodo abominou a Israel. Pelo que desamparou o tabernáculo em Siló, a tenda da sua morada entre os homens, dando a sua força ao cativeiro, e a sua glória à mão do inimigo. Entregou o seu povo à espada, e encolerizou-se contra a sua herança. Aos seus mancebos o fogo devorou, e suas donzelas não tiveram cântico nupcial.

OITAVO DIA

Versículos 64 a 72:
Os seus sacerdotes caíram à espada, e suas viúvas não fizeram pranto. Então o Senhor despertou como dum sono,

como um valente que o vinho excitasse. E fez recuar a golpes os seus adversários; infligiu-lhes eterna ignomínia. Além disso, rejeitou a tenda de José, e não escolheu a tribo de Efraim; antes escolheu a tribo de Judá, o monte Sião, que ele amava. Edificou o seu santuário como os lugares elevados, como a terra que fundou para sempre. Também escolheu a Davi, seu servo, e o tirou dos apriscos das ovelhas; de após as ovelhas e suas crias o trouxe, para apascentar a Jacó, seu povo, e a Israel, sua herança. E ele os apascentou, segundo a integridade do seu coração, e os guiou com a perícia de suas mãos.

NONO DIA

Versículos 1 a 72: Salmo completo.

Depois é só aguardar, com fé e esperança, no fim da aflição ou no bem-estar de um agradecimento sincero.

REFERÊNCIAS BIBLIOGRÁFICAS

A Bíblia na Linguagem de Hoje. São Paulo: Sociedade Bíblica do Brasil, 1992.

A Bíblia Sagrada. Rio de Janeiro: Sociedade Bíblica do Brasil, 1963.

A Bíblia Viva. São Paulo: Editora Mundo Cristão, 1989.

BAÇAN, L. P. *Anjos.* Paraná: A Casa do Mago das Letras, 2007. Edição eletrônica.

Bíblia de Referência Thompson. São Paulo: Vida, 1996.

Bíblia em Html. Paraná: Igreja Evangélica Assembleia de Deus, 2003. Edição eletrônica.

BUONFIGLIO, Mônica. *Salmos.* São Paulo: Oficina Esotérica, 1994.

CHRISTODOULOS, Hieromonachos e ORUS, Agion. *O Geron Paisios*, Grécia, 1994. [Traduzido do grego para o inglês por St. Pachomius Library, por Vassilios Kollias; traduzido do inglês para o português por Fabio R. Araújo (auxiliado por Dom Estevão Bittencourt) e editado por Karen Rae Kec para a Biblioteca São Pacônio, Portugal, 1996, em formato eletrônico.]

FIORAVANTE, Celina. *Novo Mundo das Escrituras Sagradas*. (tradução) São Paulo: Sociedade Torre de Vigília de Bíblias e Tratados, 1986.

O Poder dos Salmos. São Paulo: Ground, 1996.

Salmos. Edição Pastoral. São Paulo: Paulus, 1990.

Tipografia: Trajan Pro e Bembo